거대한 대륙의 역사를 읽는다

中國常識

중국상식 ② 역사

다락원

본 책에 나오는 지명 표기는 한자의 독음을 기본으로 하여 그 단어의 해당 한자도 함께 넣는 것을 원칙으로 하였다. 그 예로 '북경北京'을 들 수 있다.
그러나 '라싸'와 같이 한국 내에서 한자 독음보다는 중국어 발음으로 이미 널리 쓰이고 있는 것은 중국어 발음만을 표기하였음을 일러둔다.

『中國常識①－찬란한 중화민족의 문화를 읽는다』, 『中國常識
②－거대한 대륙의 역사를 읽는다』, 『中國常識③－광활한 중국의
지리를 읽는다』는 中國國務院僑務辦公室, 中國海外交流協會
의 위탁으로 南京師範大學, 安徽師範大學, 北京華文學院의 여
러 선생님들에 의해 각각 집필되었다. 세계 각국의 독자들이 좀더
자세하고 올바르게 중국의 문화와 역사, 지리 등을 이해하였으면
하는 바람으로 이 세 권의 책을 기획하였다.

집필자들은 전세계의 중국 관련 교육의 실질적 상황에 맞추어 여
러 사항들을 고려하여 주요 내용을 뽑았다. 즉, 문화 부분에서는
중화민족의 문화와 민속풍격의 정수만을 뽑아 소개하였고, 역사
부분에서는 중대 사건과 중요 인물을 선별하여 객관적으로 기술
하였다. 지리 부분에서는 가장 중요한 자연적 특색과 인문적 특징
등을 핵심적으로 묘사하였다.
세 권 모두 과학성과 사상성, 실용성을 부각시켜 집필하는 것을
원칙으로 하였다.

각국의 독자들은 이 세 권의 책으로 중국에 대해 깊이 이해하고
혹시라도 잘못된 점이 있으면 지적해 주길 진심으로 바란다.

저자 일동

Contents

1. 중국 고대사

1.중국 고대사

1. 중국 고대사

086

103

1.중국 고대사

Contents

1.중국 고대사

통일된 다민족국가의 발전과 봉건사회의 흥망성쇠

2.중국 근대사

219

2. 중국 근대사

3. 현대 중국

부록

중국 역사의 시작

선진先秦 시기

개요

　중국 역사에 있어 선진先秦 시기란 진시황秦始皇이 중국을 통일하기 이전을 의미한다.

　대략 170만 년 전 중국인의 선조는 운남雲南의 원모元謀 지역에서 생활하고 있었다. 중국인들은 이를 원시 사회의 시작으로 보고 있다. 섬서陝西의 남전藍田, 북경北京의 주구점周口店 등의 지역에서도 모두 원시 인류의 유적이 발견되고 있다. 옛 서적에는 중국인의 조상에 관한 적지 않은 전설들이 실려 있는데, 그 중 가장 유명한 것이 황제黃帝, 염제炎帝, 요堯, 순舜, 우禹에 대한 것이다.

　기원전 2070년경, 중국 최초의 왕조인 하夏 왕조가 건립되었다. 하왕조의 통치 기간은 400여 년에 이르렀다. 두 번째 왕조는 상商 왕조로 은殷 왕조라고도 불린다. 상왕조가 초기에 여러 번 천도를 하다 마지막으로 도읍을 은(지금의 하남河南 안양安陽) 지방으로 옮기고 이곳에서 300여 년을 통치하면서 갑골문甲骨文, 청동기 등 귀중하기 이를 데 없는 사료와 문물을 남겼기 때문이다. 세 번째 통일 왕조는 서주西周로 수도는 지금의 서안西安이었다. 후에 서주는 소수민족에게 수도를 침공당해 지금의 낙양洛陽으로 천도하였는데, 이 시기가 바로 동주東周 시기이다. 서주와 동주를 합친 기간은 모두 800년 정도에 다다른다. 동주는 춘추春秋와 전국戰國의 두 시기로 나뉘는데, 춘추 시기에는 수많은 작은 나라로 분리되었고, 전국 시기에 이르러서는 일곱 개의 강력한 국가가 형성되었으며, 이러한 국가들은 개혁을 통해 봉건사회로 진입하게 된다. 또 이들 국가들은 뒤에 올 진秦 나라의 통일에 기초를 제공해주었다.

　세계 역사와 비교해보면 고대 이집트, 고대 바빌로니아, 고대 인도 문명이 발흥하고 있을 때가 중국의 하·상·서주 왕조 시기에 해당된다. 그리고 유럽의 그리스, 로마 등 도시국가가 번영할 때가 바로 중국의 사상과 문화가 흥성하던 춘추 전국 시기에 해당한다. 동·서방 문명은 이처럼 지중해와 중국 두 지역에서 세계 문명의 중심을 형성해 나갔다.

중국
최초의
인류

중국은 문명이 가장 빨리 발생한 국가 중 하나이며 인류 발원지 중 하나이다. 또한 중국은 지금까지 세계에서 구석기 시대의 인류 화석과 문화 유적이 가장 많은 국가로 알려져 있다. 그 중에서도 원모인元謀人, 북경원인北京猿人, 산정동인山頂洞人 등이 매우 중요하다.

원모인: 1965년, 운남雲南 원모元謀에서 고고학자들이 고인류의 이 두 개와 조잡한 석기 등을 발견하였다. 과학자들의 감정 결과 이것은 원시 인류의 유골과 유물로 밝혀졌는데 지금으로부터 약 170만 년 전의 것이라고 한다. 원모에서 발견한 원시 인류를 우리는 원모인이라 부른다. 원모인은 중국 지역에서 발견된 가장 이른 인류이다.

북경원인: 1929년 북경 서남쪽 주구점周口店 용골산龍骨山 동굴 안에서 원시 인류의 두개골이 발견되었고, 그 후 이 유적지에서 연이어 다섯 개의 두개골이 발견되었다. 이곳에서 발견된 원시 인류를 우리는 북경원인이라고 한다. 북경원인은 지금으로부터 70만 년에서

◀ 원모인의 이
중국 지역에서 발견된 가장 이른 원류인 원모인의 이이다.

▶ 북경원인의 두개골
1929년 북경 서남쪽 주구점에서 발견된 북경원인의 두개골이다.

◀ 북경원인 머리 부분
지금으로부터 70만 년 전부터 20만 년 전까지 살았던 북경원인의 머리 부분을 복원한 것이다.

▶ 산정동인의 머리 부분
1930년 북경 서남쪽 주구점에서 발견된 산정동인의 머리 부분을 복원하여 제작한 것이다.

▶ 산정동 유적지
1930년 이 동굴에서 약 18,000년 전의 원시 인류 유골이 발견되었다. 이 인류를 산정동인이라고 부른다.

▼ 인류의 진화 과정

20만 년 전에 살았던 인류로 어떤 점에 있어서는 원숭이의 특징을 갖고 있기는 하였지만 이미 도구를 사용할 줄 알았다. 그들은 돌덩이를 깨서 조잡한 석기를 만들어 썼고, 또 나무를 잘라 만든 몽둥이로 식물을 채집하거나 동물을 잡았다. 또한 음식물을 가공하기도 하였다. 북경원인은 이미 자연적으로 발생하는 불을 사용할 줄 알았다. 불의 사용은 인류 진화 과정상 매우 중요한 진보이다.

산정동인: 1930년 북경 서남쪽 주구점 용골산 정상 부분에 있는 동굴 안에서 지금으로부터 18,000년 정도 전 인류의 유골을 발견하였다. 우리는 이들을 산정동인이라고 부른다. 산정동인의 모습은 현대인과 기본적으로 일치한다.

산정동인이 사용하였던 도구는 타제석기이긴 하나 매우 세밀하게

▲ **산정동인의 장식품**
산정동인은 이미 구멍을 뚫는 기술을 갖고 있었기에 이런 장식품의 탄생이 가능하였다.

미니상식 ① 구석기 시대

원시인이 돌을 깨서 만든 석기를 타제석기打製石器라고 하고, 이러한 석기를 사용한 시대를 구석기 시대라고 한다. 구석기 시대는 200~300만 년 정도 지속되었는데, 이 시기의 인류들은 채집과 사냥 등을 통해 생활을 하였다.

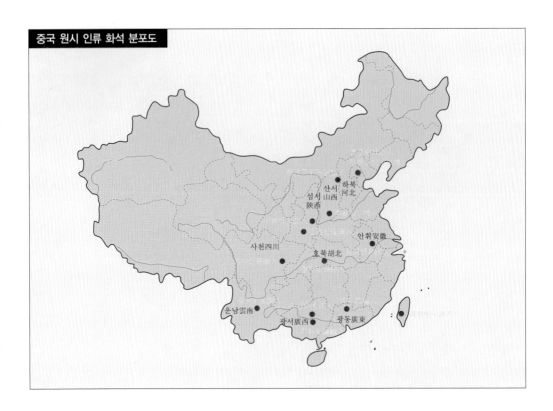

중국 원시 인류 화석 분포도

하북河北
산서山西
섬서陝西
안휘安徽
사천四川
호북胡北
운남雲南
광서廣西
광동廣東

제작되었다. 그들은 이미 돌을 갈아 만드는 마제석기에 대해서도 알았고, 구멍을 뚫는 기술도 갖고 있었다. 골침骨針 등의 골기骨器도 제작할 줄 알았고, 골침을 사용하여 짐승 가죽으로 만든 옷도 꿰매 입을 줄 알았다. 이들은 또 구멍을 뚫은 짐승 뼈, 짐승 이빨, 돌 구슬, 조개껍질 등을 이용해 장식품을 만들 줄 알았다. 그들은 인공으로 불을 얻을 줄도 알았고, 식물을 채집하고 사냥을 하고 생선을 잡아, 먹거리로 삼았다.

산정동인은 모계를 기준으로 하여 씨족을 이루었는데, 같은 씨족의 성원은 함께 살면서 공동 노동을 하였으며 음식도 함께 나누었다.

미니상식 ② **신석기 시대**

원시인이 돌을 갈아 만든 석기를 마제석기磨製石器라고 하고, 이러한 석기를 사용한 시대를 신석기 시대라고 한다. 약 8~9천 년 전부터 원시인들은 마제석기를 사용하기 시작하였다. 이 시기의 인류들은 농업을 하였고 가축을 기르기 시작하였다.

중국인의 조상

중 국인들은 종종 자신들이 '염황炎黃의 자손'이라고 말한다. 이러한 표현은 전설 중의 인물인 황제黃帝, 그리고 염제炎帝와 관련 있다.

약 4,000여 년 전, 중국 황하黃河 유역에는 여러 씨족과 부락이 살고 있었다. 그 중 비교적 이름이 났던 부락이 황제와 염제를 우두머리로 하는 부락이었다.

황제와 염제가 다스리던 두 부락은 강력한 세력을 지니고 있었다. 한편 동쪽 지방에도 세력이 강성하였던, 치우蚩尤를 수령으로 하는 구려九黎 부락이 있었다. 당시 구려족은 이미 청동으로 만든 무기를 사용하고 있었고, 전쟁을 벌일 때 무척 용감하여 이웃 부락들을 자주 침범하였다고 한다.

전설에 의하면 치우 부락은 자신의 영토를 넓히기 위해 염제 부락과 전쟁을 벌였다고 한다. 염제 부락이 전쟁에 패하게 되자 황제에게

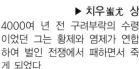

◀ 황제黃帝 상
전설 속의 황제. 약 4000여 년 전 황하 유역의 한 강성했던 부락의 수령이었다고 전해진다.

▶ 치우蚩尤 상
4000여 년 전 구려부락의 수령이었던 그는 황제와 염제가 연합하여 벌인 전쟁에서 패하면서 죽게 되었다.

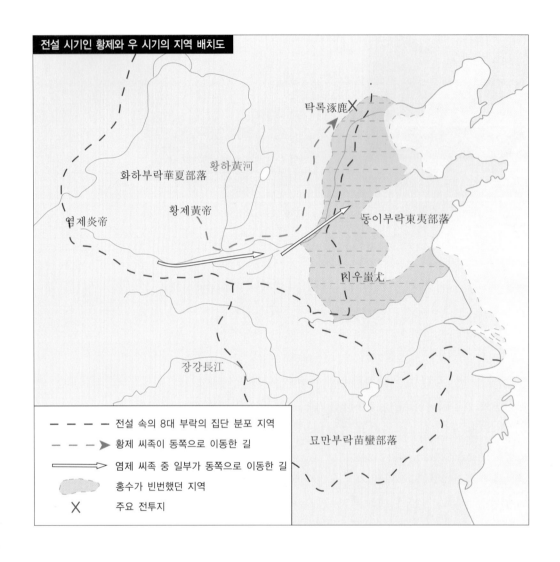

전설 시기인 황제와 우 시기의 지역 배치도

탁록涿鹿 X

화하부락華夏部落   황하黃河

황제黃帝

염제炎帝

동이부락東夷部落

치우蚩尤

장강長江

- ― ― ― ― 전설 속의 8대 부락의 집단 분포 지역
- ― · ― ▶ 황제 씨족이 동쪽으로 이동한 길
- ⇨ 염제 씨족 중 일부가 동쪽으로 이동한 길
- 홍수가 빈번했던 지역
- X 주요 전투지

묘만부락苗蠻部落

도움을 요청하고, 황제와 염제는 연합하여 치우와 한판 승부를 벌이게 된다. 이 전쟁은 지금의 하북河北에 위치한 탁록涿鹿 지역에서 벌어졌다. 전투를 벌이던 중 갑자기 천지가 어둠에 싸이면서 짙은 안개가 퍼져 바로 앞에 있는 사람 얼굴조차 보이지 않게 되었다고 한다. 황제는 지남거指南車를 사용하여 병사들로 하여금 방향을 파악하게 한 뒤 치우를 쫓게 하였고, 결국 치우를 잡아 죽였다고 한다.

탁록의 전투 이후 황제와 염제 두 부락은 다른 부락들에 대한 패권

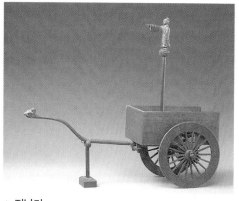

▲ 지남거
4000여 년 전 황제가 치우를 물리치는 데 사용하였다고 전해지는 지남거의 모형이다.

◀ 염제炎帝 상
염제는 죽은 후 호남湖南의 백록원白鹿原에 묻혔다는 전설이 있다.

을 잡고자 또 전쟁을 벌였고, 결국 황제의 부락이 승리를 거두게 된다. 두 부락은 하나로 합쳐졌고, 다른 부락들 역시 황제 부락과 연맹을 맺어 함께 중원 지방을 개발하였다. 그 결과 각 부락의 언어, 습관, 생산물, 생활 등 각 방면의 교류가 점점 더 늘어나게 되었고, 오랫 동안 서로 융합하고 발전해가는 가운데 화하족華夏族의 근간이 이루어지게 되었다.

화하족은 한족漢族의 전신으로 중화민족의 구성에 있어 주요한 부분이 된다. 화하족은 황제, 염제를 자신의 조상으로 여기고 스스로를 '염황의 자손'이라 불렀는데 한족과 여러 다른 소수민족들은 지금에 이르기까지 습관적으로 이렇게 부르고 있다.

미니상식 ③ 삼황오제三皇五帝

삼황은 중국 고대의 전설적인 제왕들로 일반적으로 수인燧人, 복희伏羲, 신농神農을 가리킨다. 오제 역시 중국 고대의 전설적인 제왕들로 시기는 삼황에 비해 약간 늦다. 오제는 일반적으로 황제黃帝, 전욱顓頊, 제곡帝嚳, 요堯, 순舜을 가리킨다.

우禹의 치수治水 사업 및 중국 역사상의 첫 번째 왕조 하夏

▲ 우禹 상
치수에 성공한 우는 기원전 2070년경에 중국 역사상 첫 번째 왕조인 하나라를 건립하였다.

우는 전설에 의하면 하후씨夏后氏 부락의 수령이었다고 한다. 원래 '우'라고도 불렸고, '하우夏禹'라고도 불렸다. 요堯 임금 시절 황하黃河에 큰 홍수가 나 마을과 가옥들이 휩쓸려 내려가 사람들은 나무꼭대기나 산꼭대기에 올라가 망연자실해 있을 수밖에 없었다고 한다. 그때 염황炎黃 부락 연맹의 수령인 요堯 임금은 곤鯀을 임명해 홍수를 다스리게 하였다. 곤은 물막이 댐을 쌓아 홍수를 막아보려 하였으나 결국 실패하고 말았다. 요 임금 후 연맹의 수령을 맡은 순舜 임금은 곤을 죽이고 곤의 아들 우에게 치수 사업을 맡겼다. 우는 곤의 실패를 거울 삼아 물길을 트는 방법을 이용하여 치수를 하였고, 홍수가 나면 물길을 따라 바다로 들어가도록 만들었다. 우는 13년 동안 너무나 열심히 치수에 힘썼고 집 문 앞을 세 번이나 지나치면서도 집에 들를 시간이 없었다고 한다. 마침내 우는 물난리를 막아냈다. 사람들은 우에게 감사하는 마음에 그를 '大禹'라고 부르며 존경의 마음을 나타냈다.

우의 치수 사업이 성공하자 순은 부락의 동의를 얻어 자신의 아들도 아닌 우를 자신의 계승자로 천거하였다. 순이 죽은 후 우는 부락 연맹의 수령이 되었다.

미니상식 ④ 이리두二里頭 문화

1952년 하남河南 등봉登封 이리두촌에서 고고학자들이 하왕조의 궁전 유적지와 풍부한 유물을 발견하였다. 후에 다른 지역에서도 비슷한 유형의 문화 유적지가 발견되었고, 사람들은 이러한 유형의 문화 유적지를 이리두 문화라고 불렀다. 이리두 문화는 청동기 시대 문화의 일종이다.

◀ 하남 등봉에 있는 계모석啓母石
전설에 의하면 우의 처가 계를 낳은
후 매일 여기에서 치수를 위해 나간
우가 돌아오기를 기다리다 망부석이
되었다고 한다.

▶ 하나라 궁전 유적지
하남 등봉 이리두에서 당시의 풍부한
유물과 함께 발견되었다.

　　홍수가 평정되고, 초목이 무성해지자 짐승들이 사람들을 해치곤 하
였다. 우는 사람들을 파견해 백성들로 하여금 농경지를 개척하도록
가르쳤고, 씨를 뿌리고 밭을 가는 것을 가르쳤다. 이로 인해 사람들의
생활이 점점 안정되기 시작하였다. 우는 또 묘족苗族과 전쟁을 벌여
그들이 황하 유역으로 진입해 들어오는 것을 막았다. 이로 인해 화하
족華夏族은 중원 지역에서의 입지를 공고히 할 수 있게 되었고 우 이
후로 부락 연맹의 수령의 권력은 대대적으로 강화되었다.

　　기원전 2070년경 우는 하夏 왕조를 건립하였다. 이 왕조가 바로 중
국 역사상 첫 번째 왕조이다. 후에 우가 죽자 그의 아들 계啓가 우의

▼ 「대우치수도大禹治水圖」

▲ 대우릉 大禹陵
하나라를 건립한 우의 릉이다. 릉의 명칭에서 당시 사람들이 그를 얼마나 존경했는지 알 수 있다.

▲ 채색도자기 정鼎
하나라 때의 것으로 밝혀진 이 도자기를 통해 당시의 문화를 엿볼 수 있다.

위치를 이어받았고, 이는 호씨扈氏 부락의 반발을 야기했다. 호씨 부락을 패배시키고 난 뒤 계의 지위는 각 부락의 승인을 얻을 수 있었다. 이때부터 세습제가 선양제禪讓制를 대체하게 되었다.

　　400여 년을 이어간 하왕조의 마지막 왕은 걸桀이었다. 폭군인 그의 통치는 부패하였다. 그때 황하 하류에 있던 상商 나라가 강대해지면서 군사를 일으켜 하를 멸망시키고 상왕조를 건립하였다. 이때가 대략 기원전 1600년경이다.

미니상식 ⑤ 선양제

중국 고대 부락 연맹의 우두머리를 선발하던 제도. 전하는 말에 의하면 요堯는 도당씨陶唐氏 부락의 수령이었는데, 후에 천거를 받아 부락 연맹의 우두머리가 되었다고 한다. 요는 자신이 늙자 사방 부락 수령의 의견을 물어 순을 자신의 계승자로 선발하였다. 순은 우씨虞氏 부락의 수령이었는데 총명하고 능력이 있었다. 요는 순을 3년 간 관찰한 뒤 부락 연맹의 수령으로 선발하였다. 순은 나이가 들자 또 같은 방법을 써서 하후씨夏后氏 부락의 수령인 우를 선발해 자신의 위치를 대신하게 하였다.

주왕紂王을 친 무왕武王

상商 나라 후기에 이르자 정치가 극도로 혼란해지기 시작하였다. 상 나라 마지막 왕인 주왕은 자신의 쾌락만을 추구하고 백성들의 어려움은 신경도 쓰지 않았던 잔혹했던 군주였다.

상나라 주왕은 수도 북쪽의 사구沙丘에 각 지방에서 보내온 진기한 조류와 짐승들을 길렀고, 남쪽에는 녹대鹿臺를 세워 무수히 많은 보물들을 쌓아두었다. 그는 또 비싼 술로 연못을 채운 '주지酒池'와 안주로 쓸 익은 고기를 걸어 놓은 '육림肉林'을 만들기도 하였다. 주왕은 매일 그의 첩, 신하들과 함께 주지와 육림에서 즐기며 지냈다. 그가 지은 거대한 창고 안에는 전국 각지에서 빼앗아 온 양식들로 가득 차 있었다고 한다. 그는 또 갖가지 혹형을 발명했는데, 그 중 하나가 '포락炮烙'이라는 형벌이다. 이 형벌은 기름을 잔뜩 바른 구리 기둥을 이글이글 타는 숯불 위에 올려놓고 죄인으로 하여금 그 위를 걷게 하여 죄인이 미끄러져 떨어지면 바로 숯불에 산 채로 타 죽게 만드는 형

▼ 복원한 은허殷墟 유적지
대략 기원전 1300년경 상나라는 수도를 은허로 옮긴 뒤 멸망할 때까지 있었다. 무왕이 상나라 주왕을 친 뒤 궁전은 곧 폐허가 되고 말았다.

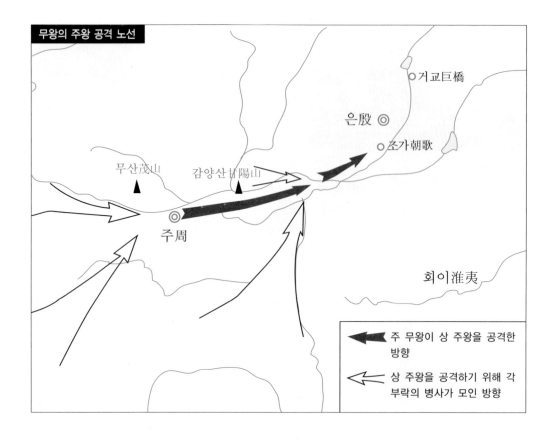

무왕의 주왕 공격 노선

거교巨橋

은殷

조가朝歌

무산茂山

감양산甘陽山

주周

회이淮夷

주 무왕이 상 주왕을 공격한 방향

상 주왕을 공격하기 위해 각 부락의 병사가 모인 방향

벌이었다.

상나라 주왕은 어느 누구의 권고도 듣지 않았다. 그의 작은아버지인 비간比干은 그에게 거슬리는 의견을 내놓았다가 심장이 도려내어지고 말았다. 또 한 대신이 이렇게 나아가다가는 나라가 망할 위험이 있다고 충고하자 주왕은 자신의 생명은 하늘이 지켜주고 있어 누구도 감히 그를 어떻게 하지 못한다고 하였다.

그때 위수渭水 유역에 있던 주周 나라가 급속히 성장하고 있었다. 주는 본래 상나라의 속국이었다. 주周 문왕文王은 자신의 국가를 잘 다스리기 위해 온 힘을 쏟고 있었다. 그는 농업을 중시하고 백성들을 관대하게 대했으며 인재를 등용하였다. 속칭 강태공姜太公이라고 불리는 여상呂尙 역시 그가 발굴해낸 인재이다. 여상은 주 문왕을 도와 정치와 군사를 정돈하고, 국내적으로는 생산력을 높여 백성들이 편안히 먹고 살게 해주었다. 대외적으로는 각 부락을 정복하여 끊임없이 영토를 확대해 주나라의 세력은 점점 강성해져 갔다.

▲ 하남 목야 지역에서의 주나라와 상나라의 전투 모습.

  기원전 11세기 중엽 주 문왕이 죽자 그의 아들이 즉위하였는데 그가 바로 무왕이다. 주 무왕은 여상과 숙단叔旦의 도움을 받아 국가를 발전시켰다. 이때 상나라의 통치는 매우 부패한 상태였다. 주나라 무왕은 서쪽과 남쪽의 부락과 연합하여 상나라 주왕을 치러 갔다. 두 나라는 지금의 하남에 있는 목야牧野 지역에서 대전투를 벌였다. 상나라 군대의 대부분은 노예들이었고, 그들은 평소 주왕에 대해 원한이 사무쳤기에 저항을 하기는커녕 오히려 주나라 군대에 붙어 상나라 수도를 치는 데 합세하였다고 한다. 상나라 주왕은 스스로 불을 질러 죽고, 상나라는 끝내 멸망하였다. 주 무왕은 각 부락과 여러 작은 국가들의 지지를 얻어 기원전 1046년 주나라를 건립하였고, 수도를 지금의 섬서陝西 서안西安 서남쪽에 위치한 호경鎬京에 정하였다. 역사에서는 이를 서주西周라 부르고 있다.

미니상식 ⑥ 강태공

강태공의 성은 강姜이고, 그 분파는 여呂 씨이며, 이름은 상尙이고, 자는 자아子牙이다. 태공망太公望으로 불리기도 한다. 그는 위수渭水에서 낚시를 하면서 그곳을 지나가는 주 문왕을 뵙고자 하였다고 한다. 그의 낚시바늘은 곧게 뻗어 있었고, 미끼도 없었다. 게다가 낚시바늘을 물 속에 담가놓지 않고 물 밖에 내놓았다. 그런 상황에서 낚시를 하던 그는 다음과 같이 이야기하였다고 한다. "빨리 낚시바늘을 물어라. 낚시바늘을 물기 원하는 물고기는 빨리 뛰어 올라 낚시바늘을 물어라." 그러던 어느 날 주 문왕이 그를 발견하고 기뻐하며 나라를 다스리는 데 도움을 달라고 청하였다. 그 후 사람들은 "강태공이 낚시를 하는데 잡히기를 원하는 물고기는 물 위로 뛰어 올라 낚시바늘을 물어라姜太公釣魚, 願者上鉤"라는 표현을 써서 '어떤 일을 함에 있어 스스로 원해서 함'을 비유하였다.

춘추오패
春秋五霸

▲ 제齊 환공桓公 상
춘추오패의 하나로 꼽히는 그는 당시 중원의 패권을 잡았었다.

▲진晉 문공文公 상
춘추오패의 하나로 꼽히는 왕이다. 그는 왕이 된 후 진나라를 북방의 강대국으로 만들었다.

춘추 초년에는 제후국이 100여 개나 되었다. 제후국들은 토지와 인구를 확보하기 위해 혼전을 벌였다. 힘이 강한 제후국들은 끊임없이 약소국을 흡수하고, 또 한편으로는 다른 강대국들과 패권을 다투었다.

춘추 시기 패권을 다투었던 군주로는 제齊 환공桓公, 송宋 양공襄公, 진晉 문공文公, 진秦 목공穆公, 초楚 장왕莊王 등이 있었는데, 역사에서는 이들을 일러 '춘추오패(춘추 시기의 다섯 패권 군주)'라고 부른다. 제 환공, 진 문공, 초 장왕, 오吳 합려闔閭, 월越 구천勾踐을 '춘추오패'라 부르는 견해도 있다.

제나라는 춘추 시기 동방에 위치했던 부유한 국가였다. 제 환공은 위대한 정치가인 관중管仲의 보좌를 받아 정치와 경제면에 있어 개혁을 단행하였다. 이러한 개혁은 성공적으로 이루어져 제나라는 생산이 증대되고 강성해지기 시작하였다.

제 환공은 군대를 이끌고 산융山戎 등 소수민족들의 침략을 격퇴하고, 제나라, 노나라, 송나라 등 여덟 국가의 군대를 이끌고 중원에 위치하고 있던 초나라를 공격하여 초의 북진을 막아내었다. 이로써 제 환공은 명성을 쌓았다. 기원전 651년 제 환공은 제후국들을 불러 모아 맹약을 맺도록 하였고, 주周 나라 천자 역시 신하를 파견하여 이 맹약에 참가하였다. 이로써 제나라가 중원에서 패권을 잡는 시기가 시작되었다.

제 환공 이후, 송 양공은 제 환공의 뒤를 이어 패권 군주가 되고자 노력하였으나 성공하지 못하였다. 진 문공은 왕이 된 후 몇 가지 조치

▲ 제나라의 순마갱殉馬坑

지금의 산동 지역에서 발견되었다. 따라 죽은 말의 수가 600여 마리나 되었다. 이를 통해 당시 강력했던 제나라의 국력을 알 수 있다.

▲ 춘추 시기 초나라 장성 유적지

일찍이 춘추 전국 시기에 제齊·위魏·초楚·진秦·조趙·연燕 나라는 상대 국가의 공격을 막고, 소수민족의 침략을 막기 위해 장성을 쌓기 시작하였다.

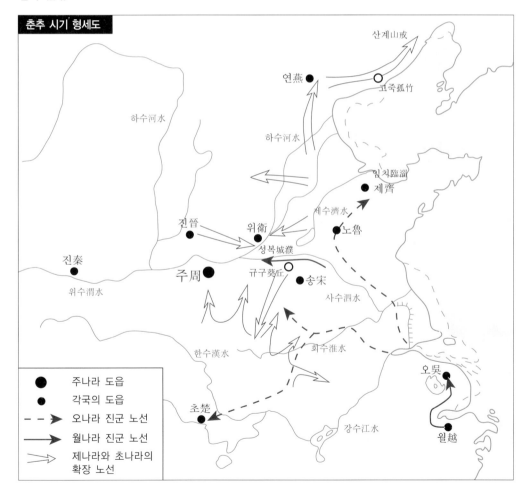

▲ 전쟁 중 머리를 보호하기 위해 썼던 이 청동 투구는 춘추 시기의 것이다.

◀ 월나라 왕 구천의 검

를 취하여 빠른 속도로 진나라를 북방의 강대국으로 만들었다. 당시 남방의 초나라 역시 패권 국가를 칭하려 하고 있었다. 기원전 632년 진나라는 초나라와 큰 전쟁을 벌여 초나라를 크게 이겼다. 이로부터 진 문공은 중원 지역의 패권 군주가 되었다. 진나라와 초나라의 전쟁은 100여 년이나 지속되었는데, 후에 초 장왕이 진나라 군대를 무찔러 중원 지역의 패권 군자가 되었다. 진 목공 역시 동쪽으로 진출해 중원 지역에서 패권 군주 노릇을 하려 하였으나 성공하지 못하였다. 이에 진 목공은 방향을 돌려 서쪽으로 영토를 확대시키고 스스로를 서쪽 지역의 패권 군주라 칭하였다.

오나라와 월나라는 모두 장강長江 하류에 위치했던 국가이다. 이 두 나라는 크지 않은 나라였음에도 패권 다툼에 끼어들었다. 진나라와 초나라가 패권 다툼을 벌일 때 오나라는 진나라의 지지 아래 초나라의 도성을 공격하기도 하였다. 후에 오나라와 월나라는 여러 번의 전쟁을 벌이며 서로 승부를 주고받았다. 기원전 494년 오나라 왕 부차夫差는 월나라를 대패시켰고, 월나라는 오나라의 속국이 되었다. 월나라 왕 구천은 10년의 와신상담 끝에 마침내 오나라를 멸망시켰다. 후에 구천은 또 군대를 이끌고 북상하여 춘추 시기 마지막 패권 군주가 되었다.

전국칠웅
戰國七雄

춘추春秋 시기의 끊임없는 전쟁으로 인해 제후국의 수는 크게 감소하였다. 전국 시기에 이르러 일곱 개의 강한 제후국인 제齊, 초楚, 연燕, 한韓, 조趙, 위魏, 진秦 등이 남게 되었는데 이들을 '전국

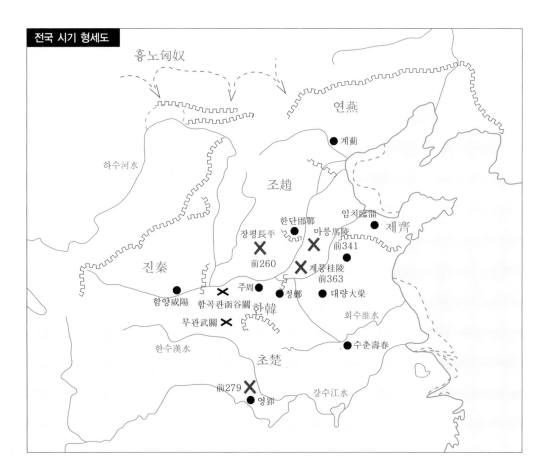

전국 시기 형세도

흉노匈奴

연燕

계 薊

하수河水

조趙

임치臨淄

한단邯鄲

장평長平 ✕
前260

마릉馬陵 ✕
前341

제齊

진秦

계릉桂陵 ✕
前363

주周 ●

함양咸陽 ●

함곡관函谷關 ✕

무관武關 ✕

정鄭 ●

대량大梁 ●

한韓

회수淮水

한수漢水

초楚

수춘壽春 ●

前279 ✕
영郢 ●

강수江水

▲ 전국 시기 무사 상
끊임없는 전쟁으로 혼란했
던 당시의 무사의 모습이
다.

▲ 금과金戈의 일부분
전국 시기 초나라의 무기
머리 부분이다.

칠웅(전국 시기의 일곱 강대국)'이라 불렀다.

전국 초기에는 한, 조, 위 삼국이 연맹을 맺어 제, 진, 초 등의 대국을
물리치고 비교적 강성한 국가를 이루었다. 후에 이 연맹은 파기되고
제나라와 진나라가 가장 흥성하였다.

전국 중기 위나라 군대가 조나라를 공격하자 조나라는 제나라에 도움
을 요청하였다. 당시 위나라는 나라 안이 비어있었다. 뛰어난 군사전략가
인 손빈孫臏은 제나라의 군대를 이끌고 직접 위나라의 수도로 쳐들어갔
다. 위나라 군대는 이미 조나라의 수도를 함락시켰으나 자신의 나라가 위
험에 빠졌다는 소식을 듣자 바로 조나라에서 철수하여 위나라로 향할 수
밖에 없었다. 위나라로 회군하던 중 매복한 제나라 군대를 만나게 되었
고, 제나라 군대는 위나라 군대를 맞아 싸워 승리를 거두었다. 이것이 바
로 중국 역사상에서 유명한 위나라를 에워싸 조나라를 구한 상황이다.

2년 후 위나라가 한나라를 공격하였을 때도 제나라의 군대는 손빈
의 지휘 아래 위나라를 에워싸 한나라를 구하였다. 제나라 군대는 후
퇴하는 것처럼 가장했다. 첫날은 주둔지에 10만 명분의 밥을 할 수 있
는 화로를 남겨두고 철수하였다. 둘째 날은 5만 명분의 밥을 할 수 있
는 화로를 남겨두고 철수하였고, 셋째 날은 3만 명분의 밥을 할 수 있는
화로만 남겨두고 철수하였다. 위나라 군대는 화로의 수량을 보고 제나
라의 많은 병사들이 도망간 것으로 여겨 정예병을 선발하여 제나라 군
대를 지금의 하남河南 지역 안에 있는 마릉馬陵까지 추격해왔다. 그러

▶ 마릉
매복했던 제나라 군사에 의해
위나라 군대가 철저하게 패하
였던 곳이다.

32

▲ 함곡관 및 함곡관 밖의 전쟁터 유적지
지금의 하남 지역인 이곳에서 진나라 군대와 다른 제후국들이 여러 차례 전투를 벌였다.

▲ 전국 시기 수륙 전투 그림이 새겨진 동항아리

미니상식 ⑨ 손빈병법 孫臏兵法

전국 시기 손빈과 그의 제자가 쓴 유명한 병서이다. 이 책은 춘추 시기의 『손자병법 孫子兵法』 등의 군사 사상을 계승 발전시키고 전국 중기 이후의 전쟁 경험을 총괄하여 새로운 관점과 원칙을 제시하였다. '위나라를 에워싸 조나라를 구한 방법', '마릉의 전투' 같은 것이 바로 이러한 군사 사상을 실제로 체현해낸 것이다.

나 결국 매복했던 제나라 군사에 의해 위나라 군대는 철저하게 패하였다. 이것이 바로 그 유명한 '마릉의 전투'이다. 두 번에 걸친 전쟁으로 제나라는 위나라를 제치고 중원 지역에서 패권 국가가 되었다.

전국 후기가 되자 진나라가 점차 강성해져 다른 여섯 나라가 혼자서는 도저히 진나라를 당해내지 못하는 상황이 되었다. 이에 서로 연합하여 진나라에 함께 저항하려 하였다. 진나라는 여섯 나라를 물리치기 위해 여섯 나라 사이를 이간질시키고, 그들이 진나라와 화친을 맺도록 획책하였다. 각 나라들은 자신의 이익 때문에 중요한 시점에 합심하여 진나라에 대항하지 못하였고 결국 진나라에 기회를 주고 말았다. 진나라는 차례로 여러 나라들을 정복하기 시작하였고, 주나라 왕실까지 멸망시켜 중국을 통일하였다.

▲ 전국 시기 수륙 전투 그림이 새겨진 동항아리 의 탁본

미니상식 ⑩ 朝秦暮楚(아침에는 진나라, 저녁에는 초나라)

전국 시기에는 진나라와 초나라 두 강대국이 대립하여 항상 전쟁 상태에 있었다. 다른 제후국들은 자신의 이익을 위해 어떤 때는 진나라를 돕고, 어떤 때는 초나라를 도왔다. 후에 '아침에는 진나라, 저녁에는 초나라'라는 뜻의 이 朝秦暮楚는 '이랬다저랬다하는 변덕스러움'을 뜻하게 되었다.

상앙商鞅의 변법變法

기원전 361년 진秦 나라의 새로운 군주 효공孝公이 즉위하게 된다. 그는 진나라를 강국으로 만들려는 생각을 굳게 다지며 누구든 진나라를 강하게 하는 자에게 관직을 내린다는 명을 내렸다.

상앙은 원래 위衛 나라 사람이었는데 이러한 소식을 듣고 바로 진나라로 건너왔다. 상앙과 진 효공은 국가의 대사를 논하면서 며칠 밤낮을 샜다. 진 효공은 상앙의 의견에 적극적으로 찬성하였고, 기원전 356년 진 효공은 상앙을 임용하여 옛 제도를 개혁하기 시작하였다.

상앙은 처음 개혁 법령을 만들 때 백성들이 그를 믿지 못할 것을 걱정하여 사람을 시켜 도성 남문에 아주 높은 나무를 세워놓고, 이 나무

▶「상앙설전도 商鞅舌戰圖」
변법의 시행으로 기존 귀족들이 강렬하게 반발하자 상앙은 그들의 말을 반박하였다.

▲ 상앙의 변법이 정전제를 폐지하고, 밭 사이의 경계를 없앴음을 증명하는 그림이다.

를 북문까지 옮기는 자에게는 상금으로 10량을 주겠다고 하였다. 많은 사람들은 농담이라 여겨 아무도 행동에 옮기지 않았다. 상앙은 백성들이 자신의 말을 믿지 않는다는 것을 알고 상금을 50량으로 올렸다. 그러자 사람들이 나무 주위에서 이 말이 정말일까 논란을 벌이다 결국 한 사람이 그 나무를 짊어지고 북문까지 갔다. 상앙은 진짜로 그에게 50량의 상금을 주었고, 이 사실은 진나라 전체를 떠들썩하게 만들었다. 이후 상앙이 하는 말과 행동을 백성들은 굳게 믿었고, 이러한 사실을 확인한 후 상앙은 새로운 법령을 공포하였다.

상앙의 변법은 두 번에 걸쳐 시행되었는데, 주요한 내용은 다음과 같다.

1) 정전제井田制를 폐지하고, 이전에 정해두었던 토지의 경계를 없애며 토지를 자유로이 매매할 수 있는 토지사유제를 승인한다.

2) 식량과 면직물을 많이 생산하는 사람들은 노역 등에서 면제하여 준다. 전쟁에서 공을 많이 세우면 세울수록 더 높은 관직을 주고, 더 많은 토지와 집을 준다. 기존의 귀족들은 공적이 없으면 특권을 더 이상 유지할 수 없다.

▲ 상앙의 극戟
극은 일종의 무기이다. 이 극 위에 '상앙이 제조한 극'이라는 뜻의 鞅之造戟 등의 글자가 새겨져 있다.

▲ 상앙의 변법이 농사와 직물 짜는 것을 장려하였음을 여실히 보여주는 그림이다.

▲ **상앙의 방승方升**
상앙의 변법으로 생겨난 양을 측정하는 표준 기구이다.

　3) 전국에 31개의 현을 설치하고 왕이 직접 관리를 파견하여 관리하도록 한다.

　새로운 법령이 시행되자마자 상앙은 기존 귀족들의 강렬한 반대에 부딪히게 되었다. 태자의 두 스승은 변법에 반대하라고 태자를 부추겼다. 그러자 상앙은 태자의 두 스승을 처벌하였는데, 하나는 그의 코를 베었고, 하나는 그의 얼굴에 묵형(중국의 5대 형벌로 바늘로 찔러 글자를 새기고 거기에 먹물이 배어들게 하는 벌)을 처했다. 이렇게 하자 감히 새로운 법령에 반대하는 사람들이 없었다.

　상앙의 변법 시행으로 진나라의 경제는 발전하기 시작하였고, 군대의 전투력 역시 강화되어 전국 후기 최대 강국이 될 수 있었다.

미니상식 (11) 상앙의 죽음

상앙의 변법은 기존 귀족들의 강력한 반발을 야기했다. 진 효공이 죽은 후 상앙은 배반을 꾀하려 하였다는 무고를 받아 결국 사지와 머리를 다섯 대의 마차에 각각 묶은 후 말을 각자 다른 방향으로 달리게 하여 사람을 찢어 죽이는 잔인한 형벌인 거열형車裂刑에 처해졌다.

찬란한 청동 문명

상商 나라의 청동기 제조 기술은 무척 발달하였다. 상나라 후기에 제조한 사모무대방정司母戊大方鼎은 지금까지 발견된 청동기 중 중국은 물론이고 세계에서 가장 큰 것이다. 사양방존四羊方尊 또 한 그 모양이 웅장하고 기이하며, 공예 기술이 정교한 것으로 상대에

▼ **편종**

전국 초기의 문물로 호북 수주에서 출토된 증후을의 수장품이다. 종 받침은 목재로 되어 있으나 출토 시 완벽한 상태를 유지하고 있었다. 상하 3층으로 이루어져 있고, 모두 64개의 편종이 달려 있으며, 음정도 정확하고, 지금도 연주가 가능한 상태이다.

▲ 사모무대방정
상나라 후기에 제조되었으며 지금까지 발굴된 청동기 중 가장 큰 것이다.

▲ 사양방존
사각으로 된 큰 입을 가지고 있고, 사면에는 네 마리의 생동적인 양 머리가 있다. 이 사양방존은 상나라 후기에 주조된 정교한 청동기이다.

제조한 청동기 중 가장 뛰어난 작품이다.

선진 시기 청동기는 악기 제조에도 사용되었다. 춘추 전국 시기에는 종고지악鐘鼓之樂(편종編鐘과 북을 주요 악기로 하여 연주하던 음악)이 성행하였다. 1978년 호북湖北 수주隨州 증후을묘曾侯乙墓에서 출토된 대량의 문물 중 완전한 편종 세트가 발굴되었다. 편종은 모두 64개로 크기와 음의 높낮이 순서에 따라 8조로 이루어져 있었고, 동목銅木 구조의 3층으로 된 종받침에 걸려 있었다. 이 완전한 편종 세트는 정확한 음정에 음색도 고왔으며, 음역 역시 넓었다. 2000년 동안 땅속에 묻혀 있었음에도 당장이라도 연주가 가능한 상태였다.

미니상식 ⑫ 사모무대방정

상대 후기에 제조되었고 하남河南 안양安陽에서 출토되었다. 배부분이 장방형으로 되어 있는데, 그 안에 '사모무司母戊'란 세 글자가 새겨져 있다. 정은 높이가 1.33미터, 길이가 1.1미터, 너비가 0.78미터, 무게가 832.84킬로그램으로 지금까지 발굴된 청동기 중 가장 큰 것이다.

핼리 혜성과 『감석성경 甘石星經』

중국인은 일찍부터 하늘의 모습을 관찰하였다. 고서를 보면 하夏 나라 때의 유성우(유성의 무리 속을 지구가 통과할 때, 한꺼번에 많은 유성을 볼 수 있는 현상)와 일식에 대한 기록이 있는데, 이는 세계 천문 역사상 가장 이른 것이다. 춘추春秋 전국戰國 시기 천문학은 이미 상당히 높은 수준을 유지하고 있었다. 노魯 나라의 한 천문학자가 관측했다던 총 37번의 일식 중 33번은 이미 믿을 만하다는 것이 증명되었다. 지금 널리 알려진 핼리 혜성의 경우 기원전 613년 노나라의 역사서인 『춘추春秋』에 이미 기록되어 있었다. 이는 핼리 혜성에 관한 세계에서 가장 이른 기록이다.

이 시기에 또 천문학 전문 저작이 나오게 된다. 제齊 나라의 감덕甘德이라는 사람이 지은 『천문성점天文星占』 8권, 위魏 나라 석신石申이 쓴 『천문天文』 8권 등이 있는데 후대 사람들이 이 책들을 합쳐 『감석성경』으로 만들었다. 이 책은 현존하는 가장 이른 천문학 저작이다. 이 책에는 수, 목, 금, 화, 토 등 오대 행성의 운행 상황 및 이 행성들의 출몰 규칙에 대한 기록이 있다. 또한 800여 개의 항성들의 이름도 적혀 있는데, 현재 121개의 위치가 이미 측정된 상태이다. 감덕은 또 육안으로 목성의 위성을 발견하였는데, 이는 이탈리아 천문가인 갈릴레오가 1609년 망원경을 사용하여 이 위성을 발견한 것보다 무려 2000여 년이나 앞선 것이다. 석신은 일식과 월식이 천체가 서로 가려서 나타나는 현상임을 발견하였는데 이는 당시로서는 정말 대단한 것이었다. 석신을 기념하기 위해 달표면의 분화구 중 하나를 그의 이름을 따서 부르기도 한다.

▲ 핼리 혜성

중국 운남 천문대가 1985년 12월 13일 찍은 핼리 혜성이다. 중국 고대사에는 핼리 혜성에 관련된 수백 종의 기록들이 있다.

미니상식 ⑬

핼리 혜성

1682년 영국인 핼리는 혜성을 발견하고, 이 혜성의 운행 궤도를 계산해냈다. 이에 사람들은 핼리를 기려 이 혜성을 '핼리 혜성'이라고 명명하였다. 서양인들의 핼리 혜성 발견은 중국보다 무려 2000여 년이나 늦다.

대교육가 공자孔子

▲ 「선사공자행교상先師孔子行敎像」

"가르침에는 종자가 따로 없다有敎無類", "각자 재주에 맞추어 가르쳐야 한다因才施敎"라는 공자의 교육 사상은 대대로 중국인들에게 영향을 미쳤다.

이름이 구丘이고, 자가 중니仲尼인 공자(기원전 551~479)는 춘추春秋 말기 노魯나라 추읍陬邑(지금의 산동山東 곡부曲阜 동남쪽) 사람으로 유가儒家 학파의 창시자이다.

공자는 위대한 사상가로 '인仁'의 학설을 제창하였다. 다시 말해 통치자는 백성의 마음을 읽어야 하고, 백성의 고충을 안타깝게 여겨야 하며, 과도하게 백성에게 압박을 가하여서는 안 된다는 것이다. 그리고 그는 덕으로써 백성을 다스릴 것을 주장하였으며 폭력으로 하는 정치에 반대하였다.

그는 또 위대한 교육가였다. 당시는 귀족의 자제만이 교육을 받을 수 있었는데, 공자는 "가르침에는 종자가 따로 없다有敎無類"라고 주장하면서 지위와 귀천을 막론하고 제자로 받아들였고, 또 그들을 공평하게 교육시켰다. 그가 사학私學을 시작하면서 정부가 문화 교육을 독점하는 것을 막을 수도 있었다. 전하는 말에 의하면 공자는 3000여 명의 학생을 가르쳤고, 그 중 이름이 난 사람이 72명이었다고 한다. 공자는 "각자 재주에 맞추어 가르쳐야 한다因才施敎"고 주장하며 각 학생들의 특징에 따라 다른 교육 방법을 썼다고 한다. 그는 학생들을 교육함에 있어 "옛 것을 익혀 새로운 것을 알자溫故而知新"라고 주장하며 지식을 쌓음에 있어서는 항상 복습을 해야 한다고 하였다. "아는 것을 안다고 하고, 모르는 것은 모른다고 하라知之爲知之, 不知爲不知"며 학습을 함에 있어 성실하고 솔직한 태도를 요구하였다. 그리고 배우는 것과 사고하는 것을 함께 하라고 가르쳤다.

후에 공자의 제자들이 공자의 사상과 언행을 기록하여 엮어낸 『논

▲ 공자의 출생지로 알려진 니구산尼丘山 부자동夫子洞

▲ 독일 쾰른에 위치한 공자를 모신 사당 공묘孔廟

어論語』는 유가 경전의 하나가 되었다. 공자의 학설을 중심으로 한 유가 사상은 2000여 년 동안 중국 문화의 정통에 자리잡고 있다.

▼「공자강학도孔子講學圖」

▲ 공자묘
산동 곡부 북쪽 1km 지점의 공림孔林에 있다.

제자백가
諸子百家

춘추春秋 전국戰國 시기는 중국 역사에 있어 대변혁의 시대였다. 사회의 변혁은 문화의 번영을 촉진시켰고, 이 시기에 노자老子, 장자莊子, 공자孔子, 맹자孟子, 순자荀子, 묵자墨子, 한비자韓非子 등 위대한 사상가들이 출현하였다. 그들은 서로 다른 입장과 각도에서 출발하여 당시 사회에 자신들의 주장을 내놓았고, 그들의 사상은 점차로 도가道家, 유가儒家, 묵가墨家, 법가法家 등을 위주로 하는

▼ 한비자韓非子 상

전국 후기 법가 사상의 대표 인물로 고대 중국의 법치국가의 이론적인 기초를 확립하였다.

▼ 순자荀子 상

전국 시기의 사상가이자 교육가로 한비자와 이사李斯 등이 모두 그의 제자이다.

다양한 유파로 형성되어 갔다. 이들을 중국 역사에서는 '제자백가'라 부른다. 그들은 다양하게 저서를 내놓아 자신들의 주장을 선전하였고, 다른 사상가들의 관점을 비판하여 '백가쟁명百家爭鳴'의 양상을 펼쳤다.

노자는 도가 학파의 창시자로『도덕경道德經』이란 책을 저술하였다. 그는 사물들은 모두 상대적인 것을 지니고 있다고 여겼다. 재앙과 복, 유有와 무無, 생生과 멸滅, 존귀함과 천박함, 위와 아래, 강함과 약함 등 서로 대립하는 것들이 서로 순환한다고 하였다.

묵가 학파를 창시한 묵자는 검약을 강조하고 낭비를 반대하였으며, 품덕이 높은 사람과 재능이 있는 사람을 선발해 관직을 맡기자고 주장하였다. 사람들에게 서로 사랑하라고 하였으며 전쟁을 반대하였다.

법가의 대표 인물로는 한비자를 들 수 있다. 그는 그의 저서『한비자』에서 '법치法治'를 주장하였다. 그는 법률은 응당 전국에 공포되어 백성들이 엄격하게 준수해야 할 것으로 여겼고, 엄격한 형벌로 백성들의 반항을 눌러야 한다고 강조하였다. 그는 개혁을 요구하며 군주에게 권력이 집중된 중앙집권국가를 세울 것을 제안하였다. 후에 진시황秦始皇이 그의 사상을 채용하였다.

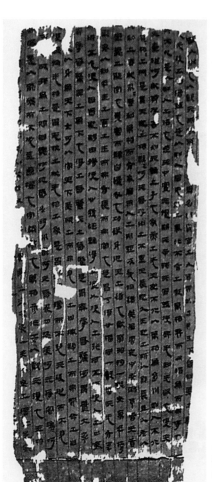

◀『노자』백서 帛書
장사長沙 마왕퇴馬王堆에서 출토된『노자』백서 을본乙本의 한 부분이다. 이 판본은 중국에서 발견된『노자』중 유일한 필사본이다.

세계 최초의 병서 『손자병법 孫子兵法』

『**손**자 孫子』라고도 불리는 『손자병법』은 중국 고대의 저명한 병서 인 동시에 현존하는 세계 최초의 병서이다. 『손자병법』의 저자 는 춘추 春秋 말기의 걸출한 군사전략가인 손무 孫武이다. 손무는 제 齊 나라 사람으로 후에 오나라로 옮겨갔다. 그때 각 제후국들은 패권 군주의 자리를 차지하기 위해 끊임없이 전쟁을 벌이고 있어 사회가 불안한 상태였다. 손무는 오吳나라에 있으면서 여러 나라들의 전쟁에 대해 관심을 기울였고, 이러한 노력 끝에 전쟁을 총괄하는 규칙을 생 각해냈으며, 그 결과 『손자병법』을 써낼 수 있었다.

손무는 이 병서를 오왕 합려 闔閭에게 바쳤다. 오왕 합려는 손무를 대장으로 삼아 오나라 군대를 훈련시키도록 하였다. 그가 군기를 엄 격하게 잡고 성실하게 병사를 훈련시켜, 오나라는 춘추 시기 군사 대 국이 될 수 있었다.

『손자병법』은 지금 13편, 6000여 자가 남아있다. 이 길지 않은 편폭 에 손무는 전쟁에 대한 자신의 생각을 전면적으로 정리해냈다. 그는 전쟁을 함에 있어 적과 함께 아군의 상황을 확실하게 파악하고 있어 야 한다며 "적을 알고 자신을 알면 백 번 싸워도 위태롭지 않다 知彼知 己, 百戰不殆"라는 주장을 내놓았다. 그리고 "적이 준비가 안 되어 있 을 때 공격하고, 적이 생각지 못한 곳을 공격하라 攻其無備, 出其不意" 라고 주장하였고, 우세한 병력을 집중하여 적군을 물리치라고 하였 다. 손무는 특히 "위급하지 않으면 전쟁을 벌이지 말라 非危不戰"고 강조하였다. 전쟁은 백성들에게 많은 부담을 주기 때문이다. 손무보 다 약 100년 늦게 태어난 전국 戰國 시기의 군사전략가 손빈 孫臏 은

▲ **손무 孫武의 동상**
『손자병법』의 저자이자 춘 추 시대 말기의 걸출한 군 사전략가이다.

▲ 『손자병법』의 다양한 번역본들
손자병법은 우리 나라를 비롯한 아시아 국가
들에서는 물론 유럽에서까지 읽히고 있다.

◀ 『손자병법』의 청나라 때의 판본
예로부터 이 책은 작전의 성전聖典으로 많은 무장들에게 존중되었음을 뒷받침하고
이다.

손무의 군사 사상을 계승하여 『손빈병법 孫臏兵法』을 써냈다.

『손자병법』은 이미 한국어, 영어, 프랑스어, 일어, 독일어, 러시아어,
체코어 등 다양한 언어로 번역 · 출판되었다. 이 책은 비록 전쟁에 대
한 것을 다루었지만, 전쟁 외의 다른 방면에도 충분히 적용할 수 있어
세계적으로 그 명성이 드높다.

미니상식 ⑮ 삼십육계三十六計

『손자병법』에서 손무는 36가지의 계략을 소개하여 어떻게 전쟁에 대응해야 할지 제시하고 있다. 그가 당시
제안한 '간첩을 이용하는 계략'은 지금까지도 널리 활용되고 있다.
이 '삼십육계' 중 가장 유명한 계책이 바로 '도망치는 것'이다. "삼십육계 중 도망치는 것이 상책이다三十六
計, 走爲上計"란 말은 일찍부터 유행하였다. 다시 말해 승리할 가망이 없으면 재빨리 도망가는 것이 가장 좋
다는 의미이다.

애국 시인
굴원屈原

굴원(기원전 340~278)은 중국 고대의 위대한 시인이다. 그는 초楚 나라 귀족 출신으로 학문이 뛰어났다. 그는 초나라 관리로 있으면서 개혁을 주장하였고, 제齊 나라와 연합하여 진秦 나라에 대항하자고 주장하였다. 그러나 이러한 주장은 간신들이 반대하였고, 그 결과 배척을 당해 장기간 유배 생활을 하게 되었다. 기원전 278년 초의 수도 영郢이 진나라 군대에 의해 침공당한 후 그는 비분강개해 멱라강汨羅江에 투신 자살을 하였다. 굴원이 자살한 날은 음력 5월 5일로 사람들은 그를 기리기 위해 매년 이 날이 되면 용주龍舟 경기를 하고 종자粽子(찹쌀떡의 일종)를 빚어 먹는다고 한다. 용주 경기를 하는 이

▲ 굴원屈原 상
초나라의 애국 시인으로 수도 영이 진나라에 침공당하자 비분강개해 멱라강에 투신 자살하였다. 중국의 전통 명절 단오절은 그를 기리는 날이다.

▲ 호북湖北 자귀秭歸에서 거행되는 용주 경기
기록에 의하면 음력 5월 5일이 되면 초나라 사람들은 모두
용주 경기와 종자를 빚는 의식을 거행하여 굴원을 기렸다
고 한다. 이것이 바로 단오절의 유래이다.

▲ 굴원 사당
장강長江 북쪽 기슭에 고성의 풍모를 유지하고 있는 자귀
에 위치하고 있다.

유는 고기가 놀라 도망가도록 하기 위함이고, 종자를 빚어 물고기에
게 먹인 것은 물고기가 강에 빠진 굴원의 시체를 먹지 않게 하기 위함
이라 한다. 후에 음력 5월 5일은 중국의 전통 명절인 단오절端午節이
되었다.

굴원은 초나라 방언을 사용하고 민간 가요의 형식을 이용해, 새로
운 시가 형식을 창조해냈다. 후대 사람들은 이를 '초사체楚辭體'라고
불렀다. 그는 수많은 훌륭한 시들을 썼는데, 그 중 서정적인 장시「이
소離騷」가 가장 유명하다. 그의 작품은 초나라에 대한 깊은 걱정과 이
상을 위해 헌신하는 그의 생각을 그려내고 있다. 그의 작품은 언어가
아름답고, 기발한 상상력과 고대 신화 전설로 채워져 있어 낭만주의
색채가 가득하다. 굴원의 시는 중국에서 읽힐 뿐만 아니라 세계 각국
의 언어로 번역되어 널리 읽히고 있다.

미니상식 ⑯ 『초사』

『초사』는 중국 최초의 시가집인『시경詩經』후에 나온 시가집이다. 서한西漢의 유향劉向이 수집한 것으로 전
국 시기 굴원, 송옥宋玉, 경차景差 및 한대漢代 가의賈誼, 동방삭東方朔, 유향劉向 등의 작품 16편이 실려
있다. 이 중 굴원의 작품이 그 주가 되고 있다.

봉건 통일국가 시기
진秦 · 한漢

개요

진秦·한漢 시기는 기원전 221년에 시작해 서기 220년에 끝난다. 진나라는 중국 역사상 최초의 통일국가였으며, 이 시기는 통일된 다민족국가의 기틀을 다지던 시기였다. 진나라는 기원전 221년에 건립되었다. 진시황秦始皇은 통치를 위한 다양한 제도를 마련하여 중국 최초의 통일된 중앙집권적 다민족국가를 세울 수 있었다. 그러나 진시황과 그의 계승자는 농민들에게 유례없는 압력과 수탈을 행했으며, 이는 농민들의 불만으로 이어져 결국 진나라는 기원전 207년 농민 봉기로 인해 무너지고 말았다.

한나라는 서한西漢과 동한東漢의 두 시기로 나뉜다. 기원전 202년 한漢 고조高祖 유방劉邦은 장안長安(지금의 서안西安)을 수도로 하여 한나라를 건립하였다. 이를 역사에서는 서한이라고 부른다. 서한 말년 왕망王莽이 서한 정권을 탈취하였다. 서기 25년 서한의 귀족 유수劉秀는 농민 봉기가 일어난 틈을 이용해 한나라를 다시 세우고 지금의 낙양洛陽에 수도를 세웠다. 이를 역사에서는 동한으로 부른다. 동한 말년, 정권은 농민의 봉기로 인해 와해되고 결국 220년 멸망하게 된다. 동한과 서한이 존속한 기간은 400여 년에 이른다. 이 시기에 수많은 성과가 있었으며, 이러한 성과들은 후대에 지대한 영향을 끼쳤다. 지금의 한족漢族, 한자漢字, 한어漢語, 한문화漢文化 등의 명칭은 모두 한나라와 연관있는 것이다. 진·한 시기 중국의 생산은 늘어났고, 경제는 번영하였으며, 국방은 튼튼하였고, 과학기술과 문화 또한 흥성하였다. 의학, 천문학, 지질학 등의 방면에 있어서도 눈에 띄는 성과가 있었으며, 저명한 정치가, 사상가, 군사전략가, 과학자, 사학가, 문학가가 많이 나타났었다. 특히 제지술의 발명과 개발은 세계 문화의 발전에 지대한 공헌을 한 것이다.

진·한 시기 지중해, 서아시아에서 태평양 동안에 이르기까지 네 개의 제국이 있었는데 그 중 한나라와 로마의 역사적인 지위가 특히 중요하다고 할 수 있다. 비단길의 개척과 함께 중국의 문화가 세계적으로 알려지기 시작하였고, 당시 세계적으로 우수했던 문명들 역시 점차 중국의 전통 문화 속으로 융화되어 들어오기 시작했다.

중국 최초의
황제
진시황 秦始皇

진 秦 나라는 기원전 770년 중국 서부의 한 제후국으로 봉해졌다. 그러나 국토가 협소하고 국력이 약하여 시종 중원 지방 제후국들의 무시를 받아왔다. 그러나 상앙 商鞅 의 변법 시행 후 국력은 날로 성해져 얼마 안 되는 시간 안에 '전국칠웅' 중에서도 손꼽히는 강국이 될 수 있었다. 진왕 영정 嬴政 (기원전 259~210)은 군주가 된 후 대규모의 전쟁을 일으켰다. 기원전 230년을 시작으로 하여 10년 동안 한韓, 조趙, 위魏, 초楚, 연燕, 제齊 등을 차례로 멸망시켜 마침내 기원전 221년 통일을 이룰 수 있었다.

영정은 진의 통치가 영원히 계속될 것이라는 환상을 갖고 스스로 '시황제始皇帝' 라 칭하였다. 그는 그의 뒤를 잇는 황제가 2세, 3세 등으로 계속 이어져 천만세에 이를 것이라 생각했다. 이 때문에 역사에서는 영정을 진시황이라 칭하고 있다.

진시황은 통일 이후 통일을 굳건히 하는 다양한 조치를 채택하였다.

정치 부분: 중앙에는 승상丞相, 어사대부御史大夫, 태위太尉 등의 관직을 설치하였다. 승상은 황제를 도와 전국의 정치 업무를 처리하고, 어사대부는 여러 관리들을 감찰하는 일을 맡았으며, 태위는 군사를 관리하였다. 이들은 모두 황제가 임명 및 해임하였다. 지방에는 군현제郡縣制를 실시하여 전국을 36군(후에 40여 개 군으로 늘어났음)으로 나누고, 군 밑에 현을 설치하였다. 각 군과 현의 책임자는 군수郡守와 현령縣令이었는데 이들 역시 황제가 직접 임명 및 해임하였고, 이들은 그 지역의 백성을 관리하는 일을 하였다. 이처럼 황제는 전국 각지를 통치하는 권력을 자신의 손 안에 쥐고 있었다.

▲ **진시황秦始皇 상**
진시황은 기원전 221년 중국을 통일하여 중국 최초의 중앙집권적 봉건국가를 건립하였다.

경제 부분: 우선 도량형을 통일하였다. 전국戰國 시기 각국의 도량형은 모두 달랐다. 진시황은 도량형을 통일하여 길이, 용량, 중량에 모두 통일된 표준을 제시하여 경제 활동에 있어 편리를 기하게 하였다. 또한 화폐도 통일하였다. 진나라의 동그란 모양에 네모 구멍이 뚫린 화폐를 통일된 화폐로 지정하여 전국에 유통시켰다. 이러한 조치는 각 민족과 각 지역간의 경제 교류를 활발하게 하는 데 큰 공헌을 하였다. 후대 각 왕조 동전들은 모두 진나라 화폐의 모양을 본뜬 것이었다.

문화 부분: 우선 문자를 통일하였다. 전국 시기 각국의 문자는 역시 모두 제각각이었다. 진시황은 문자를 통일시킬 것을 명령하였고, 그 당시로는 간략한 형태였던 소전小篆을 표준 글자체로 삼아 전국에 통용시켰다. 이어서 소전보다도 더 간편한 글자체인 예서隸書가 나왔다. 지금 우리가 쓰고 있는 해서楷書는 바로 이 예서에서 변화해 내려온 것이다. 이러한 문자의 통일은 문화 교류를 촉진시켰다. 그 다음으로는 사상 통제를 강화하였다. 백성들이 옛 서적들의 여러 관점들을 읽은 후 이 관점에 의거해 시사를 비평하는 일이 많았는데, 기원전 213년 승상 이사李斯는 이러한 상황이 나라를 통치하는 데 불리할 수 있다고 생각했다. 그래서 그는 진시황에게 민간의 의약과 농업 등에 관련된 책 이외 책들, 특히 각 나라의 역사서 및 제자서諸子書들은 모두 불태워 없애버려야 한다고 건의하였다. 진시황은 그의 의견을 받아들였다. 그 다음해 일부 지식인들이 진시황은 국정을 농단하고 형

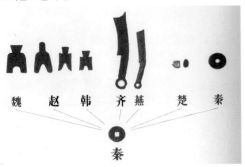

▼ 진나라가 통일 이후 여섯 나라의 화폐를 통일한 상황을 묘사한 그림이다.

魏　趙　韓　齊　燕　楚　秦

秦

▼ 롱서 지방에 있는 분서갱유가 행해졌던 곳이다.

진나라 영역도

호게呼揭 흉노匈奴 동호東胡

성곽제국城郭諸國

강羌 함양咸陽 진秦

진의 경계 구분선

벌을 남발한다고 비판하자, 진시황은 조사를 통해 460여 명을 생매장하였다. 이 두 사건을 역사에서는 '분서갱유焚書坑儒'라 일컫는다.

군사 부분: 흉노匈奴를 격파하고 장성長城을 쌓아 북쪽 지방을 안정시켰으며, 남쪽으로는 월족越族을 귀순시켜 영토를 넓혔다. 또한 진시황은 통일의 대업을 이루어 장기간 제후들이 할거하던 국면을 종결지었는데 이는 중국 역사상 최초로 다민족 통일국가를 건립한 것이었다. 진나라의 영토는 동쪽으로는 바다에 이르렀고, 서쪽으로는 롱서隴西 지역에 이르렀으며, 북쪽으로는 장성에, 남쪽으로는 바다에 다다랐다. 인구는 2000만 명이 넘었다. 진시황은 이러한 업적을 이룬 반면 포악한 정치를 행한 군주였기에 그의 잔혹한 통치는 중국 역사에 있어 좋지 않은 영향을 미쳤다.

미니상식 (17) 세계 제8대 기적 중의 하나, 병마용兵馬俑

1974년 섬서陝西 서안西安 임동臨潼의 진시황릉 동쪽에서 진시황릉에 묻힌 방대한 지하 군대가 발견되었다. 이미 발굴된 병마용갱兵馬俑坑은 세 곳인데, 그 중 1호갱이 가장 크다. 그 안에는 실제 사람과 말의 크기와 똑같은 무사용武士俑과 도자기말 6000여 개가 나란히 배치되어 있었다. 2호갱에는 기병, 전차, 보병 사수가 섞여 대열을 이루고 있었다. 3호갱에는 전차, 근위병, 무기 등이 있었다. 진나라 병마용의 발견은 세계를 놀라게 하였고, 이 병마용은 '세계 제8대 기적'이라는 명예를 얻었다. 1987년 유네스코 세계문화유산으로 지정되었다.

진승陳勝과
오광吳廣의
봉기

기 원전 210년 진시황은 자신의 국가를 순시하던 중 세상을 떠났
다. 그의 둘째 아들 호해胡亥가 2세황제二世皇帝라 불리며 진

▼ 진승과 오광의 봉기
진나라의 농민이었던 이들은 나라의 억압에 못 이겨 중국 역사상 최초의 대규모 농민 봉기를 일으켰다.

시황의 뒤를 이어 즉위하였다. 진의 2세황제는 매우 잔혹하여 백성들의 원망을 샀고, 사회는 극도로 혼란해졌다.

기원전 209년 900여 명의 가난한 농민들이 변경을 수비하러 징발되어 가는 도중 큰 비를 만나 대택향大澤鄉(지금의 안휘安徽 숙주宿州 서남쪽)에서 발이 묶여 제날짜에 도착하지 못했다. 진나라의 법률에 의하면 날짜에 맞추어 오지 못하면 사형에 처하게 된다.

농민들은 죽음의 덫에서 벗어나려 하였고, 진승과 오광은 서로 모의를 하여 압송하던 관리를 죽이고 진에 대항해 봉기하였다. 진승은 농민들에게 "왕후장상에 어디 씨가 따로 있단 말인가! 王侯將相, 寧有種乎!"라고 부추기며 중국 역사상 최초의 대규모 농민 봉기를 일으켰다.

봉기군은 빠른 속도로 근처 몇 개의 현을 점령하였고, 한 달도 되지 않아 그들의 군대는 수만 명으로 늘어났다. 진승은 진지陳地(지금의 하남河南 회양淮陽)에서 왕을 칭하고 국호를 '장초張楚'라고 정하였다. 그 후 봉기군의 주력 부대는 서쪽으로 향하여 그 해 9월 함곡관函谷關으로 쳐들어갔다. 진의 수도인 함양咸陽 근처에 도달하였을 때 그들의 군대는 수십만 명으로 늘어나 있었다.

진의 2세황제는 농민 봉기군이 함곡관을 넘어섰다는 사실을 알고 겁에 질렸다. 군대를 소집할 여유가 없어 장한章邯을 파견하여 여산릉묘驪山陵墓를 건설하고 있던 수십만 명의 인부들을 동원할 수밖에 없었고, 이들은 농민 봉기군의 주력 부대를 물리쳤다. 얼마 후 오광은 부하 장군에게 살해당하였고, 진승 또한 배신자의 손에 찔려 죽고 말았다. 이처럼 봉기군은 반년 가까이 천신만고를 겪으며 싸웠지만 결국 진나라 군대에 의해 진압되고 말았다.

미니상식 ⑱ 揭竿而起 (봉기하다)

이 성어는 진승과 오광이 봉기할 때 사람들이 '나무를 잘라 무기로 삼고, 죽간을 높이 들어 깃발로 삼은 斬木爲兵, 揭竿爲旗' 열악한 상황을 묘사한 것이다. 오늘날 중국에서 이 성어는 '압제에서 벗어나고자 하는 사람들이 스스로 뭉쳐 봉기하다' 라는 뜻으로 쓰인다.

유방劉邦과 항우項羽

▲ 중국 전통극 중의
항우 역할 분장

진 승陳勝과 오광吳廣의 봉기가 실패한 후, 유방과 항우는 진秦나라의 통치에 대항하는 농민들을 계속하여 지도하여 왔다. 기원전 207년 항우는 적은 수로 거록居鹿(지금의 하북河北 평향平鄕 서남쪽)에서 진나라 군대의 주력 부대를 크게 이겼다. 그때 유방은 군대를 이끌고 진나라의 수도 함양咸陽을 곧바로 압박해 들어갔다. 진나라의 통치자는 유방에게 투항하였고, 결국 진나라는 멸망하고 말았다.

진나라가 멸망한 후 항우는 스스로 서초패왕西楚霸王이라 칭하면서 유방을 한왕漢王으로 봉하였다. 기원전 206년부터 항우와 유방은 서로 황제가 되기 위해 4년에 가까운 전쟁을 벌였다. 역사에서는 이를 '초한전쟁楚漢戰爭'이라고 칭한다.

전쟁 초기에는 항우의 실력이 훨씬 뛰어났다. 항우는 40만 대군을 보유하고 있었음에 반해, 유방은 고작 10만의 군사를 지니고 있었을 뿐이었다. 그러나 유방은 민심에 신경을 썼고, 함양에 주둔하고 있을 때는 진나라의 가혹한 법령을 모두 없애고 백성들에게 "살인한 사람

미니상식 ⑲ 楚河漢界(초나라와 한나라의 경계를 가르는 강)

서초패왕 항우와 한왕 유방과의 4년여에 걸친 '초한전쟁'은 사람들에게 깊은 영향과 교훈을 남겼다. 사람들은 이러한 역사를 장기에 도입시켜 장기판 가운데의 빈 공간을 '초나라와 한나라의 경계를 가르는 강'으로 명명하였다.(역자 주: 중국 장기판은 우리 것과 달리 중간 부분에 빈 공간이 있다.) 이러한 형태로 만든 것은 장기를 두는 사람들로 하여금 그들이 머리 속으로 '초한전쟁'을 벌이고 있다는 것을 일깨우려는 의도에서였다.

은 사형에 처하고, 상해를 입히거나 물건을 훔친 자는 모두 그 죄를 묻는다"는 '약법삼장約法三章'을 공포하였다.

유방은 또 인재를 중시하였다. 이러한 결과 소하蕭何, 장량張良, 한신韓信 같은 뛰어난 인재들이 그를 보좌하였다. 또 유방은 비옥한 관중關中 지방을 근거지로 하고 있어 그가 거느린 군대들은 점점 강성해지기 시작하였다. 이와는 반대로 항우는 오만방자하여 남의 의견을 듣지 않았고, 사병들이 백성들을 죽이고 약탈을 일삼는 것도 내버려 두어 민심을 잃었다.

기원전 202년 유방은 대군을 이끌고 항우를 공격하였고, 해하垓下 (지금의 안휘安徽 지역)에서 항우가 이끄는 초나라 군대를 몇 겹으로 에워쌌다. 한밤에 사방의 한나라 진영에서 초나라 노래 소리가 들려오는 것을 듣고 놀란 항우는 초나라 지역 전부가 한나라 군대에 의해 점령된 것을 깨달았다.

항우는 비통하게 자신의 첩인 우희虞姬와 결별하고, 800여 기의 병사를 이끌고 한나라 군대의 포위망을 뚫어 탈출하였다. 한나라 군대는 계속하여 추격하였고, 항우는 결국 오강烏江(지금의 안휘 화현和縣 동북쪽)에서 자살하고 말았다.

유방은 항우에게 승리한 후 한나라를 세웠다. 그는 장안長安(지금의 서안西安)에 수도를 정하고, 국호를 '한漢'으로 정하였다. 역사에서는 이를 서한西漢으로 부르고 있고, 유방이 바로 한漢 고조高祖이다.

미니상식 **20** 홍문연鴻門宴

기원전 207년 유방은 진나라 수도 함양을 점령하였다. 얼마 되지 않아 항우는 40만 대군을 이끌고 쳐들어와 홍문(지금의 섬서陝西 임동臨潼 동쪽)에 주둔하면서 유방의 군대를 물리칠 준비를 하고 있었다. 항우는 군사를 홍문에 집결시키고 유방을 초대하였다. 당시 항우 군사의 4분의 1에 불과하였던 유방의 군사는 겨우 100여 기를 거느리고 홍문연에 참가하였다. 연회에서 항우의 참모 범증范增은 대장 항장項莊에게 칼춤을 추라고 명령하였다. 표면상의 이유는 술 마시는 데 흥을 돋우기 위함이라는 것이었지만, 실제로는 기회를 틈타 유방을 살해하려 한 것이었다. 그러나 이렇게 상황이 급박하게 돌아가고 있을 때 유방의 대장 번쾌樊噲가 도착하였고, 유방은 기회를 틈타 도망쳐 나올 수 있었다.
오늘날 '홍문연'이라는 말은 '손님을 해치기 위해 마련된 연회'라는 뜻으로 비유적으로 쓰이고 있다.

한漢 무제武帝

한 무제 유철劉徹은 기원전 140년부터 기원전 87년까지 재위하였다. 그의 재위 50여 년 동안 한나라는 성세를 누렸다.

중앙집권제의 강화: 한나라 초기 유방劉邦은 같은 성을 가진 아들과 동생들에게 전국 각지의 땅을 분봉하여 왕 노릇을 할 수 있게 하였다. 유방은 이러한 조치를 통해 유씨 집안의 천하를 확보하려 하였던 것이다. 각 봉지封地의 왕권은 상당히 컸다. 그들은 군대를 지닐 수 있었고, 조세도 거두어 들였으며, 화폐도 주조하고, 관리 임명·해임권도 갖고 있었다. 후에 이러한 제후왕의 강대한 세력은 중앙의 통치에 심각한 영향을 미쳤다. 한 무제는 정치를 담당한 후 제후왕들이 자신의 봉지를 다시 아들이나 동생들에게 나누어 주어 후국侯國을 설립하는 것을 허락하였다. 이것을 '추은령推恩令'이라고 한다. 하나의 왕국이 수많은 후국으로 나뉘면서 그 왕국의 직속 영토는 작아질 수밖에 없었고, 다시는 중앙정권에 대항할 힘을 갖출 수가 없었다. 후에 한 무제는 계속하여 왕과 후의 작위를 대량으로 빼앗았다. 이런 식으로 오랜 기간의 투쟁을 통해 왕국의 중앙정권에 대한 위협은 소멸되었고, 중앙집권제는 강화되었다.

유가儒家 신봉, 기타 사상 배척: 한 무제 시기에 유생儒生 동중서董仲舒는 중앙집권 정치의 요구에 부응해 유가 학설을 펼쳐내기 시작하였다.

첫째, 하늘은 만물의 주재자이고 황제는 바로 하늘의 아들, 즉 천자天子라는 사상을 널리 알렸다. 천자는 하늘을 대신하여 백성을 다스리는 것이기에 백성들은 황제의 통치에 복종해야 하며, 제후왕 역시 황제의

◀ 한漢 무제武帝 상
중국 역사에서 진시황과 더불어 진정한 의미의 중국 통일을 이룬 황제라고 평가받고 있다.

명령을 받들어야 한다고 하였다. 이를 '대일통大一統'이라 하였다.

둘째, 다른 사상가들을 배척하고 유가만을 떠받들 것을 건의하였다. 유가 학설만을 제창하고 다른 여러 학설들의 전파를 금지시킬 것을 주장하여 사상 통일을 시도하였고 이를 통해 정치상의 통일을 공고히 하고자 하였다.

한 무제는 동중서의 학설을 받아들였다. 한나라 정부에서는 유가 사상을 신봉하는 사람들이 높은 관직을 받는 경우가 많았고 유가 사상은 점차 봉건사회의 통치 이념으로 자리잡아 갔다.

미니상식 ㉑ 진시황과 한 무제

한 무제는 즉위 후 서부 지역을 개척하여 많은 위업을 세웠고, 이로써 서한이 흥성하였다. 서한 제국의 강성함은 중원 지방 사람들이 더 이상 '진인秦人'이라는 편벽된 표현을 사용하지 못하게 하였고, 대신 '한인漢人', '한족漢族'이란 표현을 사용하게 하였다. 역사에서는 '진시황과 한 무제秦皇漢武'라는 표현으로 이들을 높여 부르고 있는데, 이는 진시황과 한 무제가 진정한 의미의 중국 통일을 이루었기 때문이다.

만리장성
萬里長城

만리장성은 기원전 7세기 전후 춘추春秋 전국戰國 시기부터 축조되기 시작하였다. 진시황秦始皇은 중국을 통일한 후 원래 진秦, 조趙, 연燕 등의 국가가 방어용으로 쌓아놓았던 장성을 확대 축조하여 동쪽으로는 요동遼東에 이르고, 서쪽으로는 임도臨洮(지금의 감숙甘肅 지역)에 이르는 무려 5000여 킬로미터의 거대한 군사 방어 시설

▼ 만리장성의 봉화

진한 시기부터 명청 시기에 이르기까지 축조된 장성은 봉화대와 결합되어 있다. 사진은 북경 회유懷柔 지역에 있는 모전욕장성에서 봉화 올리는 것을 재현한 것이다.

을 쌓았다. 이것이 바로 세계적으로 유명한 만리장성이다. 그 후 많은 왕조들이 장성을 쌓았다. 명明 왕조 초기 대규모의 장성 축조가 있었는데 200년이나 걸려 완성되고, 동쪽 부분은 주로 벽돌 구조로 쌓았다.

장성은 동쪽으로는 압록강鴨綠江에서 시작하여, 서쪽으로는 가욕관嘉峪關 까지 이른다. 중국 북방의 요녕遼寧, 하북河北, 북경北京, 산서山西, 내몽고內蒙古, 영하寧夏, 섬서陝西, 감숙甘肅 등의 8개 성과 자치구 그리고 직할시를 가로지르는 6,700여 킬로미터의 장성은 세계적으로 유명한 기적 중의 하나로 손꼽히고 있다.

1,100개의 관문關門이 있는 장성은 성루와 봉화대, 높은 성벽으로 구성되어 있다. 적의 동태가 감지되면 병사들은 봉화대에 올라 연기를 피워 부근 도시와 황제가 있는 황성에까지 그 사실을 알렸다.

▼ 만리장성
기원전 7세기 전후부터 국가의 방어용으로 쌓은 만리장성은 현재 유네스코 세계문화유산에 그 이름이 올라 있으며 세계 각국의 관광객이 다녀가는 명소가 되었다.

▲ 가욕관

만리장성 서쪽 끝의 관문으로 하서주랑河西走廊의 서쪽에 있다. 이 관문은 1372년 세워진 것으로 비단길을 가려면 반드시 거쳐야 하는 요충지이다. 이 관문은 '천하웅관天下雄關'이라고 불리고 있다.

북경에 위치한 팔달령八達嶺 장성과 모전욕慕田峪 장성, 사마대司馬臺 장성은 모두 명대에 축조된 것이다. 이곳의 장성은 산을 의지해 건조하였기에 높으면서도 견고하고, 성 위의 통로는 다섯 내지 여섯 필의 말이 나란히 지나갈 수 있을 정도로 넓다. 지금 이 장성들은 관광지로 각광을 받고 있다.

미니상식 ㉒ 장성을 무너뜨린 맹강녀孟姜女의 울음

천 년 넘게 중국 민간에는 다음과 같은 가슴 아픈 이야기가 전해져 내려오고 있다. 진나라 때 맹강녀라고 하는 여자가 있었다. 그녀의 남편은 결혼을 하자마자 장성을 축조하는 데 끌려갔다. 맹강녀는 집에서 남편만을 기다리고 있었으나 남편은 돌아올 줄을 몰랐다. 겨울이 와 날씨가 추워지자 맹강녀는 남편에게 줄 솜옷을 만들어 길을 떠났다. 그녀는 머나먼 여정을 거쳐 마침내 장성에 도착하였지만 남편은 이이 죽어버렸다는 것을 알게 되었다. 맹강녀는 장성 아래에서 며칠 밤낮을 울었고, 결국 장성의 한 부분이 그녀의 울음으로 무너져 버리게 되었다. 결국 맹강녀는 비통한 심정으로 물에 빠져 죽고 말았다.

변새로 간 왕소군王昭君

중국 고대에는 한족 통치자와 소수민족 수령 사이에 모종의 정치적 이해관계로 인해 통혼通婚을 하기도 하였다. 이러한 통혼은 '화친和親'이라 불리기도 하였다. 고대 중국 북방에는 유목 민족인 흉노족이 살고 있었다. 진秦·한漢 시기 흉노는 세력이 강대해지면서 여러 차례 남하해 중원 지역을 위협하였다. 한나라 초기에는 국력이 강하지 않아 흉노에 대항할 수가 없었고, 결국 화친책을 써서 평화를 구할 수밖에 없었다. 그러나 이후 한나라의 경제와 군사력이 점점 강해졌고 한 무제 때가 되서는 화친책을 버리고 흉노를 공격하는 정책으로 방향이 바뀌게 되었다. 이로부터 서한과 흉노는 80년 동안 화친을 하지 않았다.

흉노의 세력이 약해진 한漢 선제宣帝 때 흉노 내부에서 두 명의 선우單于(흉노족의 군주)가 대립하는 양상이 벌어졌다. 그 중 호한야呼韓邪라는 선우는 한나라의 지지를 얻어 전체 흉노를 통일할 생각을 갖고 있었고, 이에 한나라에 귀의하였다. 그는 두 차례에 걸쳐 장안長安에 와서 한나라 황제를 만나 융숭한 대접을 받았다. 그 역시 한나라 정부가 변경 지역을 보호하려는 것에 협조하겠다는 의사를 표명했다. 기원전 36년 한나라는 군대를 파견해 다른 선우를 공격해 물리쳤고, 호한야는 흉노를 통일하였다. 기원전 33년 세 차례 째 장안에 왔을 때 그는 한漢 원제元帝에게 한나라의 사위가 되고 싶다며 다시 '화친'을 회복하자는 제의를 하였다. 원제는 즉각 이에 찬성하였고, 궁녀 중에서 적당한 인물을 선발하였다. 그 중 왕소군이란 궁녀가 스스로 화친을 하겠다고 나섰다. 왕소군은 아름답고도 총명하여 호한야의 총애

▲ '선우화친單于和親'을 새긴 서한의 와당
내몽고內蒙古 포두包頭에서 출토된 것으로 서한과 흉노가 혼인을 통해 정치적인 목적을 달성하려 하였음을 보여주는 실제적인 증거가 된다.

▶「명비출새도 明妃出塞圖」
명나라 화가 구영仇英의 그
림이다. 기원전 33년 명비
즉 왕소군은 흉노의 선우 호
한야에게 시집갔다. 이 결혼
은 흉노와 한나라가 우호 관
계를 맺는 데 공헌하였다.

를 받았고, '영호연지寧胡閼氏'라는 칭호를 받았는데, 이는 장차 한
나라와 평화롭고 우호적인 관계를 맺는다는 의미라고 한다.

　　왕소군은 중국 땅을 떠난 후 흉노의 유목 지역에서 10년을 생활하
였다. 그의 영향 아래 그의 자녀 및 주위 사람들은 모두 흉노와 한나라
와의 우호적인 관계를 유지하려 노력하였고, 그 결과 북방 변새에는
전에 없던 평화 분위기가 감돌았다.

미니상식 (23)　나라를 위해 몸바친 곽거병 霍去病

한대에는 왕소군처럼 나라를 위해 헌신한 사람들이 많았다. 그 중 한 명이 흉노를 쫓아 몰아낸 곽거병이다.
기원전 120년 전후 몇 년 동안 곽거병은 병사를 이끌고 전쟁을 벌여 수많은 흉노 군대를 항복시켰다. 한 무
제는 그를 무척 아껴 그를 위해 훌륭한 저택을 지어 주었다. 그러나 그는 "흉노를 섬멸시키지 못했는데 어찌
내 집을 가질 수 있단 말인가?"라고 말하였다고 한다.

비단길

한대漢代에 중국은 비단길을 통해 다른 민족들과 광범위한 교류를 하였다. 이 비단길 개척의 공로는 우선 장건張騫에게 돌려야 할 것이다.

한 무제 때 북방의 흉노족은 자주 한나라 변경을 습격하였고, 또 당시 서역에 있던 10여 개의 작은 나라들을 장악하고 있었다. 기원전 138년 한 무제는 장건에게 100여 명을 이끌고 서역으로 가서 대월지大越氏와 연계하여 흉노를 협공하라 하였다. 그러나 장건은 변경을 벗어나자마자 흉노에게 잡히고 말았다. 억류되어 있는 동안 그는 흉노의 말을 배웠고, 흉노족의 지형을 파악할 수 있었다. 10여 년 후 장건은 흉노에게서 도망쳐 나와 이미 서쪽으로 옮겨간 대월지를 찾아냈

장건의 서역도 및 비단길 노선도

◀ 장건을 전송하는 내용의 벽화

한 무제가 대신들을 이끌고 장안 교외에 가서 서역으로 파견가는 장건을 전송하고 있다. 홀笏을 쥐고 무릎을 꿇고 있는 사람이 장건이다.

▶ 파미르고원

이전에 총령葱嶺으로 불리던 이곳은 비단길에서 반드시 거쳐야 하는 곳으로 장건 역시 이곳을 지나갔다.

다. 장건은 그곳에서 1년을 머무르며 서역의 환경에 익숙해졌다. 후에 그는 대월지의 국왕이 흉노에게 복수할 생각이 없음을 알고 귀국할 수밖에 없었다. 처음에 그와 함께 떠났던 100명 중 단 2명만이 그와 함께 장안長安으로 돌아올 수 있었다. 기원전 119년 한 무제는 다시 장건을 서역으로 파견하였다. 이때 수행원들은 300여 명에 이르렀다. 또한 만 마리가 넘는 소와 양 그리고 재물이 따랐다. 그들은 수많은 국가를 방문하였고, 이러한 국가들도 예물을 갖추어 한나라에 사신을 파견하였다. 이때부터 한나라와 서역의 왕래는 점점 더 많아지기 시작하였다. 후에 한나라는 지금의 신강新疆 지역에 서역 도호부都護部를 설치하였고, 이 서역 도호부는 중앙정부의 관리를 받았다.

장건이 사신의 임무를 띠고 서역으로 간 후 중국과 서역의 교류를 이어주는 비단길이 개척되었다. 비단길은 동쪽으로는 장안에서 시작하여, 서쪽으로는 지중해 동쪽 해안 그리고 여기서 로마제국에까지 이어진다. 한나라의 상인들은 대량의 비단과 직조물을 페르시아, 인도, 그리스의 상품과 교환하였고, 외국에서는 호도, 포도, 당근 등의 상품이 중국에 들어왔다. 그 후 수세기 동안 비단 무역을 중심으로 하는 중서 교역은 대부분 비단길을 통해 이루어졌다.

미니상식 ㉔ 바다 비단길

한대에는 해상에도 비단길이 있었다. 이 길은 지금의 광동廣東 연안의 항구에서 출발하여 10여 개월의 항해를 거쳐 태국과 인도에 다다르는 노선이다. 한대에는 사신들이 비단, 황금 등을 가지고 가서 그곳의 유명한 사파이어를 가지고 돌아왔다. 동한 때는 중국의 원양 범선들이 아프리카까지 항해를 하였고, 그 당시 그곳은 로마가 관리하고 있었기에 로마제국과 직접적인 교류를 하기도 하였다.

사마천 司馬遷과 『사기 史記』

『사기』의 저자 사마천(기원전 145~?)은 섬서陝西에서 태어났다. 부친의 영향을 받아 어려서부터 선인들의 책을 많이 읽었다고 한다. 20세가 되었을 때 그는 전국 각지를 돌아다니면서 고대 유명 인사들에 대한 자료들을 광범위하게 수집하였다. 후에 그는 낭중郎中 벼슬에 임명되었고, 수시로 황제와 바깥 구경을 다녔다. 이러한 경험은 그가 이후에 쓸『사기』의 밑바탕이 되어 주었다. 부친이 사망한 지 얼마 안 되어 사마천은 부친의 직무를 이어 받아 태사령太史令 자리를 물려받았다. 그 자리에 있는 덕분에 그는 많은 책들을 읽을 수 있었고, 많은 양의 글을 쓰기도 하였다. 기원전 104년 그는 정식으로『사기』를 쓰기 시작했다. 그는 글을 쓰는 과정에서 황제의 심기를 건드리게 되고 이로 인해 중형을 받았다. 그는 이러한 형벌을 받은 후 자살까지 생각하였다가 자신이 쓰고 있는 책을 완성하고자 치욕을 참고 버텨냈다. 이러한 고생 끝에 써낸 책이 바로『사기』이다.『사기』는 전체 130편으로 이루어져 있고, 전설 속의 인물인 황제黃帝에서 한漢 무제武帝에 이르기까지 3,000여 년에 이르는 역사를 서술하고 있다. 이 책은 최초의 기전체紀傳體 통사通史로 정치, 경제, 문화, 군사 등 각 방면에 걸쳐 서술하고 있다. 그 문장이 간결하고 통속적이어서 가치 있는 역사 저작일 뿐 아니라 걸출한 문학 작품이라 인정받고 있다.

▲ 사마천司馬遷 상
서한 시기의 관리였던 그는 중국 최초의 기전체 통사 『사기』를 썼다.

▲『사기』
서한 사마천이 쓴 중국 최초의 기전체 통사이다.

미니상식 ㉕ 반고班固와『한서漢書』

반고는 동한 시기의 유명한 사학가이며 문학가이다. 64년부터 황제의 명으로 서한의 역사를 쓰기 시작하였고, 20년이 걸려 대부분을 완성하였다. 이 책은『사기』이후 두 번째로 유명한 역사서이면서 최초의 기전체 단대사 斷代史이기도 하다. 모두 100편, 80여 만 자로 한대 200여 년의 역사를 기록하고 있다.

과학자
장형張衡

장형(78~140)은 하남河南 남양南陽 사람으로 동한東漢의 걸출한 과학자이면서 세계적으로 가장 이른 시기의 천문학자 중 하나이다. 그는 특히 수학과 천문학을 좋아하였다. 조정에서는 그가 학문이 뛰어나다는 것을 듣고 태사령太史令 직위를 주어 역사와 역법을 주관하고 천문을 관찰하는 책임을 맡겼다.

몇 년의 관찰 끝에 그는 천체의 위치를 측정하는 혼천의渾天儀를 만들어냈다. 그는 중요한 천문 현상이 있을 때 모두 혼천의에 새겨 놓았다.

▼ **장형張衡 상**
동한의 걸출한 과학자이면서 세계적으로 가장 이른 시기의 천문학자 중의 하나로 존경받고 있는 인물이다.

그가 살았던 동한 시기에는 지진이 자주 일어났다. 그 당시 사람들은 과학적 지식이 없었기에 지진은 귀신이 노해서 일어나는 것으로 여기고 있었다. 장형은 지진은 자연 재해라 생각하고 자신이 직접 관측한 지진 현상에 근거해 132년 '후풍지동의候風地動儀'를 발명하였다. 세계 최초 지진 방향을 관측하는 도구를 만든 그는 이 지동의를 낙양洛陽의 영대靈臺에 설치해 놓았다. 138년 2월의 어느 날 지동의 서쪽에 있는 용 입에서 구리 구슬이 튀어나와 두꺼비 입으로 들어가 버렸다. 이는 북서쪽 방향에 지진이 발생하였다는 것을 의미한다. 그러나 낙양에서는 지진의 기후가 조금도 보이지 않았기 때문에 모두들 장형의 지동의가 사기라고 하였다. 그러나 며칠 지나 감숙甘肅 동남

▲ 후풍지동의
동한 장형이 발명한 세계 최초의 지진 방향을 측정하는 기계의 모형이다.

부에서 어떤 사람이 며칠 전에 그곳에서 큰 지진이 일어났었다고 보고해왔다. 사람들은 그제서야 그 기계를 믿게 되었다.

　이것은 인류 역사상 최초로 기구를 사용하여 지진의 방향을 관측한 것이다. 중국을 제외하고는 13세기 이후에야 비로소 이러한 유형의 기계가 출현하게 된다.

미니상식 (26)　지동의의 작동 원리

지동의는 청동으로 만들어졌다. 지동의 내부에는 하나의 구리기둥이 똑바로 세워져 있고, 주위에는 8개의 막대가 밖과 연결되어 있다. 또 밖에는 8마리의 용이 8개 방향을 향하여 붙어 있는데, 용들은 입에 작은 구리구슬 하나씩을 물고 있다. 어떤 방향에 지진이 나면 구리기둥은 그 방향으로 쓰러지면서 막대를 건드리게 되고, 이로 인해 그 방향의 용 입이 벌어진다. 용 입에서 나온 구리구슬은 밑에서 입을 벌리고 있는 두꺼비 입으로 떨어지게 되고, 이렇게 하여 사람들은 어디에서 지진이 발생하였는지 파악하는 것이다.

장중경張仲景과 화타華陀

한 대漢代에는 두 명의 명의가 있었는데, 한 사람은 의성醫聖으로 존경받는 장중경이고, 또 한 사람은 외과外科의 시조로 존경받는 화타이다.

장중경(약 150~219)은 동한 말년 하남河南 남양南陽 사람이다. 당시 역병이 돌아 집안 식구들이 병들어 죽자 그는 고대 의학을 열심히 연구하고, 민간의 비방을 수집하여 『상한잡병론傷寒雜病論』 16권을 써냈다. 그는 책에 복용하는 약에 대한 수많은 처방 뿐 아니라 중의학 이론까지 소개하고 있는 등 중의학의 기초를 닦아놓았다.

화타(약 141~208)는 안휘安徽 박주亳州 사람으로 동한 말기를 살다 간 사람이다. 그는 내과, 외과, 부인과, 소아과 등의 방면에 정통하였다.

특히 화타는 외과 기술이 매우 뛰어났다. 또한 그는 '마비산麻沸散'이란 마취약까지 만들어냈다. 그는 맹장염에 걸린 병자에게 마비산을 술과 함께 마시게 한 후 병자가 전신 마취가 되면 수술을 하였고, 수술이 끝나면 상처에다 소독 작용을 하는 고약을 붙였다. 보통 한 달이 지나면 병자는 완전히 건강을 회복하였다고 한다. 화타는 세계에서 처음으로 전신마취 기술을 이용한 의사였다.

이밖에 화타는 또 침구술針灸術에 능하였다. 당시 신경성 두통을 앓고 있던 승상 조조曹操는 화타를 청해 병을 치료하게 하였는데 화타의 침 한 방에 두통이 씻은 듯이 나았다고 한다.

화타는 병의 치료도 중시하였지만 예방을 더 중시하였다. 그는 호랑이, 사슴, 곰, 원숭이, 새 등 다섯 동물을 모방하여 독창적인 '오금희

▲ 『상한론 傷寒論』과 『금궤요약 金匱要略』
후대 사람들은 장중경의 『상한잡병론』을 이 두 권으로 나누었다.

▲ 침구도인상 針灸陶人像
하남 남양 장중경의 묘에서 출토되었다. 한나라
때 이미 침을 놓는 의술이 발달했었음을 증명하
고 있다.

▲ 장중경張仲景 상
중의학의 기초를 닦은 한나라의 명의로 '의성'이라 불린다.

◀ 뼈를 긁어 상처를 치료하는 화타
동한 말 촉蜀 나라 장수 관우關羽가 독화살에 맞자 화타는 그를 위
해 뼈를 긁어내 치료해주었다고 한다.

▼ 화타華陀상
외과의 시조로 존경받고 있는 그의 이 초상화는 청대淸代 『역대명의
화상책歷代名醫畵像册』에 실려있다.

▲ 오금희
화타가 질병 예방을 위해 사슴, 곰, 호랑이, 원숭이, 새 등 다섯 가지 동물을 모방하여
만든 일종의 체조

五禽戱' 체조를 창안하여 사람들이 심신의 건강을 지킬 수 있도록 하
였다.

미나상식 (27) 한대의 또 다른 의학적인 성과

한대에는 의학이 대단히 발달하였다. 장중경과 화타 외에 서한 초년의 의사 순우의淳于意는 중국 최초로 병
력病歷을 남겨 놓았다. 기원전 31년에는 중국 최초의 약물학 전문 서적인 『신농본초경神農本草經』도 탄생하
였다.

봉건국가의 분열과 민족 대융합의 시기

삼국三國 · 양진兩晉 · 남북조南北朝

개요

　삼국三國, 양진兩晉, 남북조南北朝를 합쳐서 위진남북조라고도 한다. 위진남북조는 220년 조비曹丕가 황제를 칭하면서부터 시작되어 589년 수隋가 진陳을 멸망시켜 전국을 통일시키면서 끝난다. 모두 360여 년의 기간이다.

　220년 조비가 위魏 나라를 세우고, 221년에는 유비劉備가 촉蜀 나라를 세우고, 222년에는 손권孫權이 오吳 나라를 세워 위, 촉, 오 세 나라가 균형을 이루게 된다.

　263년 위나라는 촉나라를 멸망시키고, 265년 위나라의 대신 사마염司馬炎은 위나라 정권을 탈취해 황제를 칭하고 진晉 나라를 세운다. 진나라는 수도를 낙양洛陽에 정하는데 역사에서는 이를 서진西晉이라고 한다. 280년 사마염은 오나라를 멸망시키고 삼국으로 분열되어 있던 국면을 통일시킨다. 316년 소수민족 정권에 의해 멸망하여 서진의 통일 국면은 매우 짧게 끝나고 말았다. 이후 중국은 또 분열된 양상을 보이게 된다.

　317년 진晉의 사마예司馬睿는 황제를 칭하고 동진東晉을 건립한다. 동시에 황하黃河 유역으로 옮겨 간 몇몇 소수민족들도 국가를 건립하기 시작한다. 이렇게 북쪽은 130여 년에 이르는 분열 시기에 처하게 되는데 이를 십육국十六國 시기라고 부른다.

　439년 소수민족이 건립한 북위北魏 정권이 북쪽을 통일한다. 후에 북위의 효문제孝文帝는 개혁을 단행하여 북방 민족의 대융합을 촉진시켰다. 후에 북위 정권은 동위東魏와 서위西魏로 분열되고, 이어서 북제北齊가 동위의 자리를 대신하고, 북주北周가 서위의 자리를 대신하였다. 역사에서는 위에서 서술한 다섯 개의 조대를 북조北朝라고 부르고 있다. 동진 이후 남쪽 지역은 420년부터 589년까지의 170년 동안 송宋, 제齊, 양梁, 진陳 네 개의 조대를 거치게 되는데 수도는 모두 지금의 남경南京에 정하였다. 역사에서는 이를 남조南朝라고 부른다. 남조와 북조는 같은 시기에 존재하였었기에 역사에서는 이를 남북조 시기라고 부른다.

　위진남북조 시기의 유럽은 강력한 로마 제국이 분열되고, 서로마 제국이 멸망하며, 게르만인의 왕국이 서유럽에 건립되면서 봉건사회에 진입하게 된다.

조조曹操

조조(155~220)는 동한東漢 말기의 걸출한 정치가이자, 군사전략가이며, 문학가이다. 그는 자가 맹덕孟德이고 안휘安徽 사람이다. 동한 말년 조조는 농민 봉기군을 진압하는 과정에서 강력한 군대를 세웠다.

군사전략가인 그는 병서를 즐겨 읽었고, 전쟁할 때는 임기응변할 줄 알아야 한다고 생각했다. 관도官渡 전투에서 그는 적의 상황을 정확하게 분석하고 적은 수로 원소袁紹의 10만 대군을 물리쳤다. 이 전투를 통해 그의 군대가 커지고 병사 수가 늘어나자 식량이 부족해졌다. 조조는 사병들로 하여금 전쟁을 하지 않을 때는 농사를 짓도록 하였다. 이러한 둔전屯田의 방식을 통하여 군대의 식량 문제를 해결하였을 뿐 아니라 북방의 사회 경제를 점차 호전시키기도 하였다.

또한 조조는 정치 부분에 있어서 호족 세력이 커가면서 동한이 분열되어 가는 것을 보고, 세심하게 호족 세력들을 장악해 나갔다. 그는 관아 앞에 커다란 몽둥이 하나를 놔두고 자신의 힘을 믿고 약한 자를

▲ 조조 曹操
동한 말기의 걸출한 정치가이자 군사전략가이며 문학가이다.

◀「군사둔전도 軍士屯田圖」
동한 당시 농업 생산 상황을 여실히 반영하고 있다.

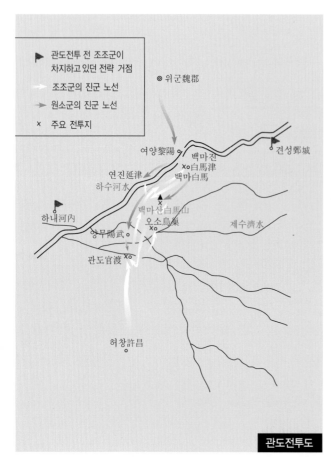

관도전투도

괴롭히는 자를 그 몽둥이로 쳤다. 그리고 호족을 칠 수 있는 사람에게는 관직까지 내렸다. 그는 이러한 방법을 통해 통치를 공고히 할 수 있었다.

사람을 택함에 있어서도 조조는 "단지 그 재능만을 보고 뽑는다唯才是擧"라는 방침을 정하였다. 다시 말해 실력만 있으면 그 출신 성분을 막론하고 채용한다는 것이다. 이로 인해 그가 권력을 잡고 있을 때 재능이 있는 많은 사람들이 등용되었고, 이들은 조조가 북방을 통일하는 데 적지 않은 도움을 주었다.

그는 또 한漢 헌제獻帝를 자신의 권력 아래 두고 있었기 때문에 200년 관도전투 후 북방의 여러 군벌 세력들을 차례차례 멸망시키고 북방의 분열 상태를 끝낼 수 있었다. 이러한 상황은 중원 지역 사회 경제의 회복에 적지 않은 도움을 주었고 서진이 전국을 통일하는 데 기초를 닦아 주었다.

또한 조조는 문학을 비롯한 문화를 매우 중시하였다. 그의 두 아들 조비曹조와 조식曹植 역시 유명한 문학가이다.

미니상식 28 천자를 끼고 제후에게 명령을 내린 조조

한나라 말기 황제의 힘은 이미 유명무실한 상태였다. 196년 조조는 한 헌제를 허도許都(지금의 하남河南 허창許昌)에서 맞아들였다. 조조는 자신의 강력한 군대의 힘을 빌어 조정의 대권을 장악하였다. 그리고 황제의 이름을 빌어 다른 지역에서 할거하고 있던 호족들에게 명령을 내리며 정치상의 주도권을 잡았다. 이를 두고 당시 사람들은 "천자를 끼고 제후에게 명령을 내렸다"라고 말하였다.

제갈량
諸葛亮

제갈량(181~234)은 걸출한 정치가이자 군사전략가이다. 그는 자가 공명孔明이고, 산동山東 사람이다. 후에 호북湖北 양양성襄陽城 서쪽에 있는 융중隆中에 자리를 잡고 거기서 그는 많은 책을 읽고 식견을 넓혔다.

조조는 북방을 통일한 후 남하하여 중국을 통일할 준비를 하였고, 당시 손권孫權은 장강長江 중하류 지역을 점령하고 있었다. 세력이 가장 약하였던 유비는 형주荊州에 얹혀 있었다. 유비의 삼고초려 끝에 제갈량은 유비를 도와주기로 하고, 유비에게 당시 정권의 형세를 자세하게 분석해 주었다. 제갈량은 손권과 연합하여 조조에 대항하는 방법을 유비에게 권하였고, 유비는 이 건의를 채택하여 적벽대전에서 승리를 거두어 세력을 강화시킬 수 있었다.

유비는 황제를 칭한 지 얼마 안 되어 백제성白帝城에서 숨을 거두었다. 죽기 전 촉나라의 대권을 모두 제갈량에게 넘겨주었다. 제갈량은 한결같은 마음으로 유비의 아들이자 새로운 황제인 유선劉禪을 도왔다. 이때 서남쪽의 소수민족들이 이 기회를 틈타 전쟁을 일으키자, 225년 제갈량은 직접 군사를 이끌고 남하하였다. 여기서 제갈량은 뛰어난 지략을 써서 평화적으로 이 사태를 해결하였을 뿐 아니라 그곳 소수민족의 우두머리인 맹획孟獲의 신임도 얻을 수 있었다. 그 후 제갈량은 소수민족 수령이 직접 그 민족을 다스리도록 하는 방법을 써서 촉나라와 소수민족 사이의 관계를 개선시켰다고 한다. 동시에 그는 내부 개혁도 강도 높게 진행시켰다. 재능 있는 사람을 임용하였으며, 농업과 수리사업에도 주의를 기울였고, 부대의 기강도 바로 잡아

▲ 제갈량諸葛亮 상
뛰어난 지략으로 오늘날까지도 매우 유명한 정치가이자 군사전략가이다.

▲ **무후사 武侯祠**
사천四川 성도城都 남쪽에 있는 제갈량을 기념하기 위한 사당이다.

▲ **석궁**
삼국 시기 무기의 일종으로, 제갈량이 이 석궁을 개량하여 단번에 10개의 화살을 쏠 수 있게 했다는 말이 전해지고 있다.

촉나라를 위기에서 벗어나게 하였다.

후에 국가의 통일을 위해 그는 여섯 차례에 걸쳐 위나라를 공격하였으나 모두 실패하고 말았다. 제갈량은 마지막 북벌 전쟁에서 과로한 나머지 군영에서 죽고 말았다.

미니상식 (29) **삼고초려 三顧草廬**

유비劉備는 관우關羽, 장비張飛와 의형제를 맺은 뒤 세력이 그리 크지 않은 군사를 거느리고 형주荊州에 얹혀 있었다. 유비가 자신의 세력을 확대하기 위해 곳곳의 인재를 끌어 모으고 있었을 때 제갈량이 뛰어난 지략을 갖추고 있다는 사실을 듣고 관우, 장비와 함께 융중의 제갈량이 살고 있는 오두막으로 찾아갔다. 두 번을 연이어 방문했으나 제갈량은 피하고 만나주지 않았다. 세 번째 찾아갔을 때 제갈량은 유비의 진심에 감동하여 그를 맞이하였다. 유비는 마침내 유능한 참모를 찾게 된 것이었다. 이후 '삼고초려' 라는 이 말은 '예를 극진히 하여 초빙하다' 라는 뜻의 성어로 쓰이고 있다.

적벽대전
赤壁之戰

조曹操가 북방을 통일한 후 그와 대적할 수 있는 능력을 지닌 세력은 장강長江 일대의 손권孫權과 호북湖北 일대의 유비劉備뿐이었다.

208년 조조는 20만 대군(대외적으로는 80만이라고 하였음)을 거느리고 남하하였다. 유비는 호북 무창武昌으로 물러나 진을 치고 있었는데, 이때 그에게는 2만여 군사뿐이었다. 참모인 제갈량의 건의를 받아들여 유비는 손권과 손을 잡고 조조에게 대항하였다. 제갈량은 손권에게 조조의 군사가 비록 많긴 하지만 그 중 7, 8만은 막 투항한 형주荊州 병사들이고, 이 병사들은 대부분 수군으로 전쟁의 주력 부대이긴 하나 진심으로 조조에게 복종하고 있지는 않을 것이라는 것을 지적해 주었다. 그리고 북방의 조조 병사들은 수전에 익숙하지 않고, 장거리 이동을 하여 병을 얻은 자들이 많다고 하였다. 이러한 분석은 손권

▲ 투함鬪艦
적벽대전 시 주요한 전함이었던 투함의 모형이다.

▼ 적벽대전 유적지
삼국 시기 형세 변화에 직접적인 영향을 준 이 전투의 유적이 아직까지 호북 적벽에 남아있다.

▼ 배풍대拜風臺
제갈량이 동풍이 불기를 빌었던 곳이라 전해지는 적벽대전 유적지 남쪽 병산屛山의 정상.

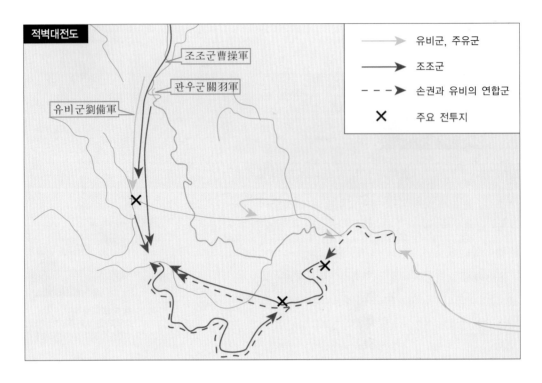

적벽대전도

유비군, 주유군
조조군
손권과 유비의 연합군
주요 전투지

조조군曹操軍
관우군關羽軍
유비군劉備軍

으로 하여금 정세를 확실하게 파악할 수 있게 해주었고, 이에 대장 주유
周瑜에게 유비와 함께 군사 3만을 이끌고 전투를 벌이도록 하였다.

조조 군대가 적벽에 주둔했을 때, 조조는 북방의 병사들이 배 위에
서도 쉽게 이동할 수 있도록 쇠사슬로 전함들을 함께 묶어놓으라는
명령을 내렸다. 제갈량과 주유는 모두 불을 써서 조조를 공격하기로
결정하였다. 어느 날 밤 동남풍이 불기 시작하였고, 주유는 부하 황개
黃蓋를 시켜 조조에게 거짓 투항을 하도록 하였다. 황개는 열 척의 전
함을 이끌고 갔는데, 배 위에는 기름을 잔뜩 먹인 마른 풀이 가득 실려
있었다. 조조군에게 접근했을 때 그들은 동시에 불을 붙였고, 불이 붙
은 배들은 바람을 받아 조조군의 전함으로 돌진해 들어갔다. 조조군의
전함들은 쇠사슬로 묶여있어 도망도 못 가고 결국 순식간에 잿더미로
변해버렸다. 불은 강가에까지 올라가 조조군의 사상자는 그 수를 헤아
릴 수 없을 정도였다. 적벽대전 이후 전국全國의 형세에 변화가 발생
하였다. 조조는 북방으로 후퇴하였고, 조조가 죽은 후 220년 그의 아

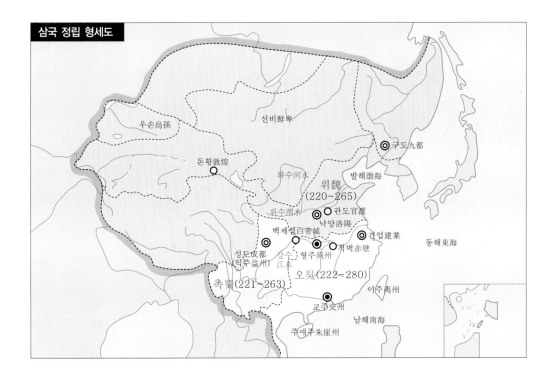

삼국 정립 형세도

우손烏孫 선비鮮卑 구도九都
돈황敦煌 하수河水 발해渤海
위魏
(220~265)
위수渭水 관도官渡
백제성白帝城 낙양洛陽 건업建業
성도成都 강수江水 형주荊州 적벽赤壁 동해東海
(익주益州) 오吳(222~280)
촉蜀(221~263) 이주夷州
교주交州
남해南海
주애朱崖州

들 조비曹丕가 한漢 헌제獻帝를 폐위시키고 자신이 황제의 자리에 올랐다. 그는 국호를 위魏라 명명하고, 수도를 낙양洛陽으로 정하였다. 유비는 기회를 틈타 형주의 대부분 지역을 차지하였고, 또 서쪽으로 세력을 펼쳐나갔다. 221년 그는 스스로 황제가 된 뒤 국호를 촉蜀으로 명명하고 성도成都에 수도를 정하였다. 손권은 장강長江 중하류 지역의 세력을 굳건히 하고 222년 왕을 칭하면서 국호를 오吳라 명명하고, 수도를 건업建業(지금의 남경南京)에 정하였다. 삼국이 정립하고 있던 국면은 280년 서진西晉이 오나라를 멸망시키면서 깨지게 된다.

미니상식 ㉚ **강동江東에서 패권 군주를 칭한 손권**

손권(약 182~252)은 자가 중모仲謀이고, 지금의 절강浙江 사람이다. 그는 형 손책孫策이 죽은 후 장강 중하류 지역의 대권을 잡았다. 당시 누군가가 손권을 경시하고 공개적으로 반란을 일으키자 손권은 신속하게 군대를 이끌고 와 반란을 일으킨 사람을 잡아 죽였고, 사람들은 그가 이렇게 담이 센 것을 보고 모두 그를 존경하였다. 후에 조조는 손권에게 아들 하나를 인질로 보내 서로간의 우호 관계를 확립하자고 요구하였다. 손권은 그 제의에 반대하는 주유의 의견을 받아들여 조조의 요구를 거부하였다. 그리고 강동의 지리적인 우세를 이용하여 스스로 패권을 잡았기에 후에 삼국 정립 형세가 성립될 수 있었다.

비수전투
淝水之戰

4세기 후반 전진前秦의 황제 부견苻堅은 황하黃河 유역의 북방을 통일하였다. 383년 5월 부견은 80여 만 군대를 징집하여 동진東晉을 공격하기 시작하였다.

전진의 공격에 동진 사람들은 한마음이 되어 적에게 대항하기로 결심하였다. 당시 동진의 장수는 사석謝石, 사현謝玄, 유뢰지劉牢之였고, 군대의 숫자는 8만에 불과하였다. 10월 전진의 군대는 수양壽陽(지금의 안휘安徽 수현壽縣)을 점령하였고, 부견은 포로로 잡은 동진의 장군 주서朱序를 동진의 진영으로 보내 투항을 권유하였다. 주서는 기회를 틈타 사석에게 전선에 도착한 전진의 군대는 25만이니 먼저 공격을 하는 것이 어떻겠냐고 건의를 하였다.

11월 유뢰지는 정병 5,000명을 이끌고 공격을 감행해 전진 군사 50,000명을 소멸하였다. 사석 등은 그 뒤를 따라 들어가 비수에서 전진의 군대와 물을 사이에 두고 대치하였다. 어느 날 사현은 물을 사이에 두고 싸우기가 불편하니 전진의 군대가 조금 후퇴를 해주면 물을 건너가서 싸우겠다고 제의하였다 부견은 동진의 군대가 물을 건너올 때 기병을 써서 기습 공격을 감행해 동진 군대를 전멸시킬 생각에 전진 군대에게 후퇴 명령을 내렸다. 그러나 전진의 병사들은 왜 후퇴하는지 이유를 모르고 자신들의 군대가 전쟁에 패해 후퇴하는 것으로 여겼다. 이

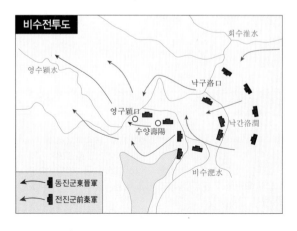

비수전투도

회수淮水

영수潁水

낙구洛口

영구潁口

수양壽陽

낙간洛澗

비수淝水

동진군東晉軍

전진군前秦軍

동진 및 십육국 형세도

주천酒泉
서량西凉
장액張掖
북량北凉
고장姑臧
전량前凉
남량南凉
후량後凉
낙도樂都
서진西秦
원천苑川
성락盛樂
후연後燕
북연北燕
용성龍城
계薊
북경北京
하하 하수河水
통만統萬
후조後趙
남연南燕
양국襄國
광고廣固
전조前趙
전진前秦
전연前燕
업鄴
장안長安
후진後秦
십육국十六國
성成(한漢)
성도成都
강수江水
건강建康
남경南京
동해東海
동진東晋
울수鬱水

▲ 대진용흥화모고성大秦
龍興化牟古聖 와당
전진前秦 시기의 것으로
하북河北 역현易縣에서 출
토되었다.

때 주서도 이 기회를 틈타 소리를 질러댔다. "전진의 군대가 패하였다!
전진의 군대가 패하였다!" 전진의 군대는 순식간에 난장판이 되었고,
동진 군대는 이 기회를 틈타 비수를 건넜다. 전진의 병사들은 있는 힘
을 다해 도망을 쳤고, 부견은 화살에 맞아 부상을 당하고 10여 만 명만
을 이끌고 장안長安으로 돌아갔다.

이것이 적은 숫자로 대군과 싸워 이긴 그 유명한 비수전투이다. 비
수 전투 이후 전진은 와해되었고, 북방은 다시 분열되었다.

미니상식 ③1	草木皆兵 (초목이 모두 병사)

비수전투 시 전진 군대는 동진과 강을 사이에 두고 대치하고 있었다. 어느 날 부견이 수양성壽陽城에 올라가
살펴보니 동진의 부대 기율이 엄격하였다. 또 멀리 보이는 팔공산八公山 초목이 흔들리는 것을 보고 그것 역
시 동진 병사로 여겼다. 그는 근처에 있는 동생에게 "정말로 대단한 적들이다. 어찌 그들을 약하다고 할 수
있단 말인가?"라면서 겁 먹은 표정을 내보였다. 이것이 바로 성어 '초목이 모두 병사'라는 뜻을 가진 '草木皆
兵'의 기원이다. 이 성어는 중국에서 '겁에 질린 사람이 약간의 동정만 발생해도 긴장하는 모습'을 형용할 때
쓰인다.

서성 書聖 왕희지 王羲之와
화절 畵絶 고개지 顧愷之

왕희지(약 303~361)는 산동山東 사람으로 동진東晉 시기의 대서예가이다. 후대 사람들은 그를 존경하여 '서성'이란 칭호를 주었다.

왕희지는 젊었을 때 여류 서예가인 위부인衛夫人에게서 서예를 배웠다. 후에 명산대천을 노닐면서 선배 서예가들이 비석에 새겨놓은 글자체를 관찰하고 배웠다. 그는 매우 열심히 서예 연습을 하였다. 절강浙江 소흥紹興 난정蘭亭의 연못에서 하루 종일 글씨 연습을 하던 날은 푸르렀던 연못물이 검은색으로 변하기까지 하였다. 쉴 때에도 글자의 구조를 생각하며 손가락으로 옷 위에 대고 연습을 했는데, 이렇게 오래도록 하였기에 옷이 다 헤지기도 했다고 한다. 이러한 각고의 노력 끝에 그는 마침내 자신만의 독특한 풍격을 창조해낼 수 있었다.

왕희지의 행서行書와 초서草書는 후대 사람들에게 지대한 영향을 끼쳤다. 그는 『난정서蘭亭序』, 『쾌설시청첩快雪時晴帖』 등 유명한 작품을 남겼다. 왕희지의 서예를 매우 중시한 당唐 태종太宗은 그의 서예 작품집에서 1,000 글자를 뽑아 『고천자문古千字文』이란 책을 만들어 학생들에게 가르치도록 하였다.

고개지(약 345~406)는 동진 시기의 걸출한 화가로 후대 사람들은 그에게 육탐미陸探微, 장승요張僧繇, 오도자吳道子와 함께 '화가사조畵家四祖'란 칭호를 주었다. 그는 중국 남방을 유람하면서 그림을 그리는 데 필요한 많은 소재들을 찾아냈다.

고개지의 그림 중에는 특히 인물화가 뛰어난데, 그는 "형태로써 그

▲「난정서첩蘭亭序帖」－ 서성 왕희지의 필체, 행서.

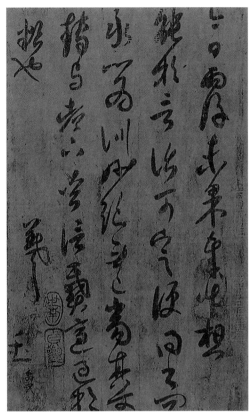

▲「우후첩雨後帖」－ 서성 왕희지의 필체, 초서.

마음을 그려낸다以形寫神"는 것을 강조하였고, 인물의 눈을 통해 영
혼 속의 비밀을 볼 수 있다고 주장하였다. 한번은 한 사찰에 벽화를 그
려주면서, 그림을 완성한 후 눈동자를 그리지 않았다고 한다. 그림을

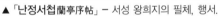

미니상식 ㉜ 해서의 창시자

한漢 나라 말기, 위魏 나라 초기 종요鍾繇라고 하는 뛰어난 서예가가 있었는데, 특히 해서에 능하였다고 한
다. 그는 중국 서예사에 있어 최초의 해서 대가로, 그의 해서로 인해 중국 글자가 이전에 유행하던 예서隷書
에서 해서로 자리잡을 수 있었다고 한다. 그는 한자의 정형화에 큰 공헌을 하였다. 그의 대표작으로는 「선시
표宣示表」와 「천계직표薦季直表」가 있다.

▲ 「여사잠도 **女史箴圖**」
화절 고개지의 그림, 크기 25×349cm. 런던 대영박물관에 소장되어 있으며 송나라 때의 모사설 등이 있으나 오늘날에는
당나라 때의 모사설이 유력하다.

참관하러 사람들이 오자 그는 그 자리에서 눈동자를 그려 넣었는데
마치 그 그림 속의 인물이 진짜 사람처럼 보였다고 한다. 고개지 그림
의 진본은 이미 사라져 버렸고, 옛 사람들이 모사한 『여사잠도권 **女史
箴圖卷**』, 『낙신부도권 **洛神賦圖卷**』, 『열녀인지도권 **列女仁智圖卷**』 등
만이 남아있을 뿐이다.

수학가
조충지祖沖之

조충지(429~500)는 남조南朝 송宋, 제齊 시기 사람이다. 그는 젊었을 때 학문에 조예가 깊었는데 특히 수학에 관심이 많았다고 한다.

수학 방면에 있어서의 그의 공헌으로 비교적 정확하게 원주율을 계산해낸 것을 들 수 있다. 원주율이란 원의 둘레와 직경간의 비례를 말하는 것으로 중국 고대에도 이런 개념을 갖고는 있었지만 그다지 정확하지는 않았다. 조충지는 이전 사람들의 경험을 총괄하고, 삼국 시기 유휘劉徽의 '할원술割圓術(원을 가르는 방법)'을 이용하여 원주

▲ 조충지祖沖之 상
세계 최초로 원주율을 소수점 아래 일곱 자리까지 계산해낸 수학자이다.

▲ 산가지 – 중국에서 가장 오래된 계산기구로 추정된다.

율을 구했다. 그러나 그 당시 계산기구인 대나무 막대로 아홉 자리 수의 계산을 하려면 130번 이상의 반복 계산을 해야만 했고, 또 실수도 자주 일어났다. 조충지는 한 번 계산할 때마다 적어도 두 번씩은 반복하여 계산하였고, 몇 번의 계산 결과가 모두 일치하여야만 이를 인정하였다. 이러한 어려움에도 불구하고 그는 계속 계산을 하여 12288변형과 24576변형까지 계산해냈고, 마침내 원주율이 3.1415926보다는 크고 3.1415927보다는 작다는 결론을 내렸다.

조충지는 세계 최초로 원주율을 소수점 아래 일곱 자리까지 계산해낸 수학자이다. 900년 후 중앙아시아의 한 수학자가 소수점 아래 열여섯 자리까지 계산해내 그를 뛰어 넘을 수 있었다. 이 외에 조충지는 그가 연구한 수학의 주요 결과를 수집해 『철술綴術』이란 저서를 편찬해냈다. 당唐 나라 때 『철술』은 수학 과목에 있어 주요 교과서가 되었다.

미니상식 33 **중국 고대 원주율 계산표**

서한西漢에서 시작하여 조충지에 이르기까지 역대로 원주율에 대한 계산을 한 사람들이 있었다.

시대	과학자	원주율(π)
서한西漢	유흠劉歆	3.1547
삼국三國 위魏 진晉	유휘劉徽	3.14159
남조南朝 송宋	하승천何承天	3.1428
남조南朝 송宋 제齊	조충지祖沖之	3.1415926~3.1415927

화목란花木蘭과 「목란사木蘭辭」

"덜컹덜컹, 또 덜컹, 목란이 방에서 베를 짠다네, 베틀 소리는 들리지 않고, 들리느니 긴 탄식뿐……唧唧復唧唧, 木蘭當戶織, 不聞機杼聲, 惟聞女嘆息……" 이 글은 중국 전역에서 전해 내려오는 북방 민가 「목란사」의 시작 부분이다. 이 민가의 주인공은 화목란이란 영웅적인 북방 여성이다. 이 장편 서사시는 화목란이 남장을 하고 아버지를 대신해 군대에 가 공훈을 세운 상황을 이야기하고 있다.

화목란은 북위北魏 사람이었다고 한다. 북방 사람들은 무술 연마하는 것을 좋아하였다. 화목란의 아버지는 이전에 군인을 지냈던 사람으로

▲ 화목란花木蘭 상
북위 사람으로, 아버지 대신 남장을 하고 전장에 나가 공을 세워 중국에서 지금까지도 존경받고 있다.

▲ 중국에서 발행한 화목란을 기념하는 우표세트

어려서부터 목란도 남자로 길렀다. 목란이 열 살이 되었을 때 아버지는 마을 밖 작은 냇가로 목란을 데리고 가 말타기, 활쏘기, 칼과 봉 다루기 같은 무술을 연마시켰다. 남는 시간에 목란은 아버지의 병서 읽기를 즐겼다.

북위는 효문제孝文帝의 개혁으로 인해 백성들의 삶이 비교적 안정되고 윤택했었다. 그러나 당시 북방 유목민족인 유연족柔然族은 시도 때도 없이 남하하여 사회를 혼란에 빠뜨리곤 하였다. 북위 정권은 매 집마다 남자 한 명을 차출하여 전선으로 내보내는 규정을 만들었다. 목란의 아버지는 이미 나이가 들어 전쟁에 나갈 수 있는 상황이 아니었다. 또 남동생은 너무 어렸기에 목란은 아버지를 대신해 종군하기로 결심했다. 그로부터 무려 12년 동안 목란은 여자임을 숨기고 군대 생활을 하며 많은 공을 세운다. 화목란은 마침내 자신의 임무를 완수하고 12년 만에 집으로 돌아왔다. 황제는 이러한 사실을 알고 그녀에게 큰 관직을 내리나 화목란은 이를 거절하였다.

1000년 이상 화목란은 중국인의 존경을 받아왔다. 그녀는 용감하면서도 순박하였기 때문이다. 1998년 디즈니사는 화목란의 이야기를 애니메이션으로 만들어내 전세계 사람들의 환영을 받았다.

미니상식 (34) **북위 효문제의 개혁**

효문제 탁발굉拓跋宏의 조모는 한족이다. 그 영향으로 그는 많은 한족 문화를 배웠다. 그는 한족의 문화를 받아들이고 동시에 식량 문제를 해결하기 위해 493년 수도를 낙양洛陽으로 옮기기까지 하였다. 그 후 그는 또 귀족들에게 한어로 말할 것과 한족의 복장으로 갈아입을 것을 요구하였다. 그리고 선비鮮卑(유목 민족)의 성을 한족의 성으로 바꿀 것을 요구하면서 자신이 먼저 성을 '원元'으로 바꾸었다. 또한 한족 대부호 출신의 여자를 황후와 비로 맞아들였다. 그는 또한 적극적으로 불교를 믿어 재위 당시 세계적으로 유명한 낙양의 용문석굴龍門石窟을 만들기 시작하기도 하였다.

봉건사회의 번영 시기

수隋 · 당唐

개요

  6세기부터 10세기까지는 중국에 전국 대통일을 한 수隋 나라와 당唐 나라가 출현
하였다. 581년 수隋 문제文帝 양견楊堅은 북주北周 정권을 뒤엎고 수나라를 건립하
였다. 589년 수는 진陳을 멸하고 다시 남북을 통일하였다. 618년 수隋 양제煬帝는
농민 봉기의 혼란 속에 부하에게 살해되었고 얼마 지나지 않아 수나라는 멸망하고 말
았다. 이 농민 봉기의 와중에 수나라의 고위 관료 이연李淵 부자는 기회를 틈타 군대
를 이끌고 당나라를 세웠다. 당唐 태종太宗, 무측천武則天에서 시작하여 당唐 현종
玄宗 전기까지 당나라에 '정관의 치貞觀之治', '개원성세開元盛世' 같은 시기가 출
현하였다. 당나라의 영토는 전에 없이 넓어져 동쪽으로는 황해까지, 남쪽으로는 남해
의 여러 군도들까지, 서쪽으로는 발하슈호수를 지나서까지, 동북쪽으로는 외흥안령
外興安嶺 일대까지 뻗어 나갔다.

  수·당 시기 경제는 전에 없이 번영하였고 대외 교류 역시 빈번하였으며, 과학기술
의 성과도 뛰어났다. 당대의 서예, 회화, 조각 등도 역시 훌륭한 성과가 있었다. 시는
당대에 이르러 최고로 발전하였다. 이백李白, 두보杜甫 같은 위대한 시인이 살았던
시기 역시 당대였다. 산문 분야에서도 한유韓愈, 유종원柳宗元 같은 걸출한 산문가
가 나타났다. 당나라는 당시 세계에서 손꼽히는 번영한 국가였다.

  수·당 시기 유럽 국가들은 분열되었고, 정국은 혼란스러웠으며 공업과 상업도 쇠
락하고, 문화 역시 암흑 속에 있었다. 이와 반대로 아시아 지역은 발전에 발전을 거듭
하여 당나라와 아시아 각국 사이의 경제 문화 교류가 이전에 볼 수 없었을 정도로 성
황을 이루었다. 수·당의 정치, 경제, 문화의 발전은 아시아, 특히 동아시아의 여러 나
라에 영향을 끼쳤다. 당나라의 수도인 장안長安은 당시 정치의 중심지였을 뿐만 아니
라 아시아 각 나라의 경제 문화 교류의 중심지였다. 당나라가 국제 사회에 끼치는 영
향력이 컸기에 해외에서는 중국인들을 '당인唐人'이라고 불렀다.

수隋 나라의 대운하

중국에는 황하黃河, 장강長江 등 큰 강이 있으며 대부분의 강은 동쪽으로 흘러 바다로 들어간다. 그렇기에 남북으로 강을 통해 물자를 운송하려면 인공 운하를 만들 수밖에 없다. 그래서 중국 고대에는 수많은 백성들이 인공 운하 작업에 동원되었고, 그 중 가장 유명한 것이 대운하大運河이다.

605~610년, 수隋 양제煬帝는 남북의 통제를 강화하고, 남북 물자의 교류를 확대하기 위해 수백만의 백성을 동원하고, 6년여의 시간을 투자하여 이 대운하를 착공하였다. 그 중 어떤 구간은 이전에 파놓았던 운하를 수리하여 복구시키거나 그 깊이나 넓이를 조절하는 작업을 한 것이었다. 중간에 자연적인 하천과 호수를 이용하여 운하를 서로 연결시킨 것도 있다. 수나라 대운하는 전체 길이 2000여 킬로미터, 너비 30~70미터로 북쪽으로는 탁군涿郡(지금의 북경北京)까지 이르고, 남쪽으로는 여항餘杭(지금의 항주杭州)까지 이른다. 그 중심은 낙양洛陽에 있고, 해하海河, 황하黃河, 회하淮河, 장강長江, 전당강錢塘江 등의 큰 강들과 만나고 있으며, 지금의 하북河北, 산동山東, 하남河南, 안휘安徽, 강소江蘇, 절강浙江 등의 지역을 지나간다. 대운하는 남북간의 경제 문화 교류가 활발히 하는 데, 국가를 유지하는 데 중요한 역할을 해주었다. 수 양제는 남하하여 유람을 즐기는 데 운하를 이용하였다. 그가 남하할 때 수행한 배는 수천 척에 이르렀고 배가 꼬리에 꼬리를 물고 200여 리나 이어졌다고 한다.

▲ 양주대운하
양주는 장강에서 내륙으로 들어가는 대운하가 시작되는 곳이다.

▲ 남북을 관통하는 대운하
소주蘇州에서 양주揚州에 이르는 강남하江南河의 일부분이다.

원나라 때의 대운하 안내도

북경北京

해하海河

천진天津

황하黃河

제남濟南

낙양洛陽   개봉開封

청강淸江

양주揚州

회수淮水

소주蘇州

항주杭州

전당강錢塘江

장강長江

　원元 나라 때에는 이전에 파 놓은 운하의 기초 위에 또 산동운하山
東運河를 파 혜하惠河와 통하게 만들었다. 이 결과 북쪽으로는 북경
에서 남쪽으로는 항주에 이르는 경항직통대운하京杭直通大運河가
개통되어 남북 교통의 주요한 역할을 하게 되었다.

　중국은 지금도 대운하를 다시 복구할 계획을 갖고 있다. 이는 남북
간의 연계를 밀접하게 하려는 목적도 있지만, 그보다 남쪽의 물을 북
쪽으로 끌어들여 북쪽의 물부족 현상을 해결하려는 데 더 큰 목적이
있다.

정관의 치
貞觀之治

당 唐 태종太宗 이세민李世民이 황제의 자리에 있을 때의 연호는 정관 貞觀이었다. 정관 연간(627~649), 당 태종은 수隋 나라의 멸망을 교훈 삼아 백성들을 위하는 여러 훌륭한 정책을 시행하는 등 정치에 온 힘을 쏟았다. 그 결과 정치적인 안정과 사회 경제의 발전이 있었고, 이러한 발전에 힘입어 당나라의 기틀을 굳건히 할 수 있었다. 역사학자들은 이러한 시기를 '정관의 치 (정관 시기의 뛰어난 통치)' 라고 불렀다.

당 태종은 정치를 제대로 하려면 능력 있는 사람을 임용하고 백성들의 의견을 널리 구해야 한다는 사실을 알고 있었다. 이에 재능만 있다면 신분의 귀천을 가리지 않고 등용하였다. 당시 위징魏徵이라는 사람은 태종에게 직접 자신의 의견을 제기하였고, 태종이 그 의견에 화를 냈음에도 결코 양보하지 않았다. 위징이 병에 걸려 죽자 태종은 통곡하면서 "구리를 거울로 삼으면 옷을 바로 입을 때 사용할 수 있고, 역사를 거울로 삼으면 국가의 흥망을 알 수 있으며, 사람을 거울로 삼으면 잘잘못을 분명히 알 수 있다. 지금 위징이 죽었으니 나는 거울 하나를 잃은 것이로다"라고 말했다고 한다.

당 태종은 주州와 현縣을 통합하여 지출을 줄였고, 농민들에게 일정의 토지를 갖게 하였으며, 노역의 부담을 감소시키고 농민들이 생산에 종사할 수 있는 시간을 보장해주는 등 농민들의 환심을 사는 수많은 정책을 시행하였다. 당 태종은 예로부터 전해 내려오는 "황제는 배이고, 백성은 물이다. 물은 배를 띄우기도 하지만 뒤집어엎을 수도 있다"라는 말을 잘 알고 있었다.

▲ 여좌용 女坐俑
높이 26.7cm의 앉아있는 여자 인형이다. 여러 가지 색으로 채색한 도자기인 이 인형은 앉아있는 자세가 매우 자연스러우며 표정이 편안하다. 자연스럽게 몸과 어울리고 있는 의복의 얇고 부드러운 질감마저 느껴진다.

▲ 태종太宗 상
여러 훌륭한 정책의 시행으로 다민족 국가가 안정될 수 있도록 공헌한 당나라의 황제이다.

▲ 당목우거唐木牛車
이것은 보존이 완벽하게 되어 있는 목제 소달구지로 소와 수레 두 부분으로 이루어져 있다. 이 소달구지의 출토로 당나라 때 이러한 소달구지가 보편적으로 쓰였음을 알 수 있다.

당 태종은 민족 문제에 대해서도 비교적 훌륭한 정책을 채택하였기에 각 민족들의 옹호를 받았다. 북방의 각 민족들을 그를 존경하여 '대가한大可汗'이라고 불렀다고 한다. 당 태종은 또 문성공주文城公主를 토번吐蕃의 왕에게 시집보내 토번과 한족과의 관계가 더 우호적으로 발전할 수 있도록 하였으며, 이로써 다민족국가가 안정될 수 있도록 공헌하였다.

미니상식 (35) 당삼채唐三彩

당대에는 황색, 녹색, 갈색, 남색, 흑색, 백색 등 여러 유채 도자기가 있었다. '삼채'란 바로 여러 색깔을 의미한다. 중국 고대의 도자기는 소도素陶(색 없는 도자기)와 채도彩陶(색 있는 도자기) 2가지로 나뉜다. 당대 이전의 채도는 대부분 단색이었으나 당대에 이르러 삼채 도자기가 신속하게 발전하게 되었다. 당대에는 여러 형태의 장식 도안을 채용하여 채색 도자기 예술의 독특한 풍격을 창조하였다.

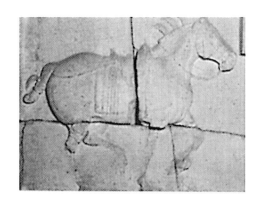

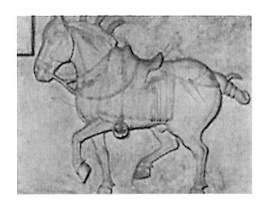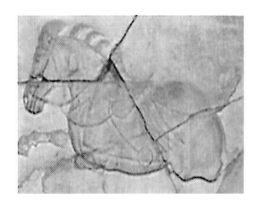

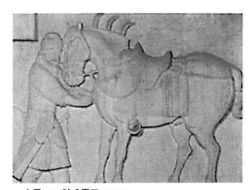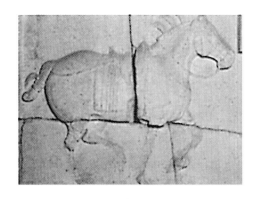

▲ **소릉**昭陵**의 6준도** 六駿圖

당 태종 이세민은 그가 통일 전쟁 때 탔던 여섯 마리의 말들을 기리기 위해 당나라의 저명한 화가 염립본閻立本에게 직접 그림을 그리게 하고, 우수한 조각가들을 파견해 이 부조를 만들게 한 뒤 후에 자신의 능묘인 소릉에 배치하게 하였다.

여황제
무측천 武則天

무 측천(624~705)은 중국 역사에 있어 결출한 여황제이면서 정치
가이다.

무측천은 어려서부터 총명하고 과단성이 있었으며, 문사文史에 통
달하였고, 얼굴 또한 예뻐 14세에 당唐 태종太宗에 의해 황궁에 불려
와 재인才人(궁중에 들어온 여자들의 관직명. 일반적으로 비빈들이 재인 관
직을 얻음)이 되었다. 당 태종이 죽은 후 무측천은 사원으로 보내져 비
구니 노릇을 하게 되었다. 태종의 아들 고종高宗은 태자로 있을 때 무

▼ 무측천武則天 상
당나라 때의 여황제로, 중국 역사에서 뛰어난 정치가로 인
정받고 있다.

▼ 「무후행종도 武后行從圖」
황후 무측천이 궁정에서 순시하는 장면을 묘사한 이 그림
은 당대 장훤張萱이 그렸다고 전해진다.

98

측천을 마음에 두고 있다가 황제가 되자 2년 후 무측천을 비구니 절에서 빼내고, 다시 황후를 폐위시키고 무측천을 황후로 세웠다.

무측천은 황후가 된 후 고종을 도와 조정의 일을 도왔고, 기회를 봐서 그녀를 반대했던 조정 대신들을 제거했다. 몸이 좋지 않던 고종은 무측천의 뛰어난 능력을 보고 종종 조정의 대사를 그녀에게 넘겨 처리하도록 하였다. 이렇게 무측천의 권력은 점점 커져만 갔다. 그 당시 고종과 무측천은 두 명의 황제라는 의미인 '이성二聖'으로 불렸다.

683년 고종이 죽은 후 무측천은 태후太后라는 명분으로 조정을 관리하였다. 그리고 690년 무측천은 국호를 주周로 고치고 정식으로 황제 지위에 올랐다. 그 후 무측천은 당 태종이 생산을 높이기 위해 썼던 조치들을 계속 시행하고, 능력 있는 인사들을 파격적으로 선발하였다. 그 결과 당나라의 정치, 경제는 무측천 시기에 다시 발전하기 시작하였다. 물론 그녀는 자신의 통치 시기에 무씨武氏를 등용하고, 대대적으로 사원을 세웠으며, 과도하게 불교를 숭배하는 등의 부정적인 일도 하여 백성들에게 부담을 주기도 하였다. 무측천은 죽기 전 신하들의 압력으로 황제 자리를 그의 아들에게 물려주었고, 이로써 당나라의 통치는 이어질 수 있었다.

▲ **당무자비唐無字碑**
무측천과 고종을 합장한 능묘인 건릉乾陵 앞에 세워진 비석이다. 이 비석의 높이는 6.3m, 두께는 1.49m로 무측천이 죽을 때 내린 유언에 의해 세워진 것이다. 무측천은 자신의 공적과 과실은 후대 사람들이 평가할 것이니 글자를 새기지 말라고 하였다고 한다.

미니상식 (36) **무측천과 낙빈왕駱賓王**

무측천이 황제의 자리에 있을 때, 시인 낙빈왕은 무측천의 군대에 반대하며 그녀를 욕하는 문장까지 썼다. 무측천은 그 문장을 본 후 낙빈왕을 벌하기는커녕 그의 문장이 뛰어나다고 칭찬하면서 오히려 이런 인재를 알아보지 못한 재상을 탓하였다고 한다.

개원성세
開元盛世

개원 연간(713~741)은 당唐 현종玄宗 이융기李隆基의 전기 연호이다. 당唐 태종太宗의 정관貞觀 초년부터 번영했던 당나라는 개원 말년에 이르기까지 100여 년 동안 지속되었다. 그래서 이 개원 시기를 역사에서는 '개원성세開元盛世(개원 시기의 흥성한 세상)'이라고 부르고 있다.

당唐 명황明皇이라고도 불리는 당 현종은 무측천武則天의 손자이다. 그는 황제가 된 후 당 태종의 유업을 계승할 것을 결심하고 재능 있는 사람을 임용하였으며, 대신들의 올바른 의견을 수용하는 등 국가를 다스리는 데 힘썼다. 어느 해 하남河南에서 메뚜기떼로 인해 심각한 재해가 났었다. 메뚜기가 날아갈 때는 태양마저 가릴 정도로 대

▼「명황조마도 明皇調馬圖」
당 명황이라고도 칭해졌던 당 현종 이융기는 712년부터 756년까지 재위하였다. 초기에 요숭姚崇, 송경宋璟 등을 재상으로 삼아 폐단을 개혁하여 사회와 경제를 지속적으로 발전시켰다. 이를 역사가들은 '개원의 치開元之治'라 부르고 있다.

▼ 태산 泰山의 마애석각 摩崖石刻
당 현종은 개원 시기의 공적을 드러내기 위해 진시황과 한무제가 한 것처럼 태산에서 봉선封禪 의식을 치렀고, 또 비를 세워 이를 기록하였다고 한다.

단한 기세였고, 밭작물들도 메뚜기가 모두 먹어치워 버렸다. 많은 사람들은 이것을 하늘이 인간에게 내린 재난으로 어찌할 도리가 없다고 여기고 있었으나 당 현종은 당시 재상의 의견을 듣고, 메뚜기는 해충에 불과한 것이니 두려워할 것이 없다면서 해충 박멸 작업을 꾸준히 벌였고, 결국 각 지역의 메뚜기 피해를 막을 수 있었다.

당 현종이 재위하고 처음 20년 동안 당나라는 무척 흥성하였다. 시인 두보杜甫는 그의 시 「억석憶昔」에서 다음과 같이 묘사하고 있다. "이전 개원 연간 전성기를 생각해보면, 작은 읍에도 만 가구가 넘게 살고 있었다네. 자르르 윤기 흐르는 쌀, 새하얀 조, 관아와 개인의 창고를 불문하고 모두 가득 찼었다네憶昔開元全盛日, 小邑猶藏萬家室. 稻米流脂粟米白, 公私倉廩俱豊實" 이 시를 통해 개원 연간에는 작은 현에도 만 가구 이상의 사람들이 살고 있었고, 매해 풍년이 들어 관아와 개인의 창고에 곡식이 가득 찰 정도로 사람들이 살기 좋았다는 것을 알 수 있다.

개원 연간 사회는 안정되고, 천하는 태평했으며, 상업과 교통 역시 발달하였다. 양주揚州는 운하와 장강長江이 만나는 곳에 위치하고 있어 각지의 상인들이 모여들었고, 이로 인해 매우 번화하였다. 당의 수도 장안長安 역시 세계 여러 나라의 사신, 상인, 학자, 기술자들이 앞다투어 모여 무역 활동 및 학문 · 문화 교류를 하는 등 그 번화함이 이루 말할 수 없었다. 한 마디로 그 당시 당나라는 전에 없이 흥성하였는데 이것이 바로 그 유명한 '개원성세'라는 것이다.

▲ **개원통보開元通寶**
개원통보는 당대에 가장 오랫동안 유통되었던 화폐이다. 당대 이전의 화폐는 대부분 중량으로써 이름을 삼았는데 당대에 처음으로 '보寶', '통보通寶', '원보元寶' 등의 명칭을 썼고, 또 당시 제왕의 연호를 병용하였다고 한다. 개원통보는 당唐 고조高祖 때 처음 주조되었는데, '개원'은 연호가 아니라 '신기원을 열다'란 의미를 가진다.

미니상식 (37) **안사의 난安史之亂**

안사의 난은 안록산安祿山과 사사명史思明의 반란을 가리킨다. 천보天寶 연간 당 현종은 양귀비楊貴妃를 총애하여 정사를 돌보지 않았다. 국가의 정치는 부패하고 군대의 전투력 역시 떨어졌다. 안록산은 당 현종의 신임을 얻은 후 10여만 명의 병권을 장악하였다. 천보 14년(755년) 안록산은 양국충楊國忠을 제거한다는 명분으로 15만 군대를 이끌고 범양范陽에서 반란을 일으켰다. 반란군은 얼마 지나지 않아 낙양洛陽을 점령하고, 수도 장안 동쪽의 대문인 동관潼關까지 다다랐다. 그리고 안록산은 낙양에서 '대연황제大燕皇帝'를 자칭하고, 정권을 건립하였다. 안록산이 죽은 후 그의 부장 사사명은 반란군 우두머리 자리를 이어 받았다. 762년 반란은 평정되었지만, 이 사건으로 인해 중국 북방의 경제는 심각한 타격을 받게 되었고, 이로 인해 당나라는 쇠락의 길을 걷게 되었다. 그 후 중국의 경제 중심은 점점 남쪽으로 내려가게 되었다.

번성하였던
장안성 長安城

당 唐 나라의 수도는 장안, 즉 지금의 서안西安이다. 장안성은 수 隋 나라 때에 축조되어 당시는 대흥성大興城이라고 불리다 당 대 들어와 장안성으로 이름이 바뀌었다. 100년 가까운 건설 끝에 완 성된 당대의 장안성은 지금의 서안 구성舊城보다 10배 가까이 큰 국 제적인 도시였다.

장안에는 황제가 거주하면서 정무를 보던 웅장한 규모의 궁성宮城 이 있었다. 궁성의 남쪽에 있는 황성皇城 안에는 정부 부처가 있었다.

성안의 도로와 주택은 배치가 바둑 판처럼 깔끔하게 되어 있었고, 동서 로 대칭되어 있었다. 성 안에 있는 많은 도로의 너비가 100m 이상이 었는데, 그 중 주작대가朱雀大街가 가장 넓었다고 한다. 이는 당시 국 력의 강성함과 경제의 번영을 충분 히 반영하고 있는 것이다. 명明·청 淸 시대의 북경성北京城 역시 당나 라 장안성을 본따 만든 것이다.

장안성 안에는 방坊도 있고 시市 도 있었다. '방'이란 거주 지역을 의 미하고, '시'란 번화한 상업 구역을 의미하는 것으로 방과 시는 서로 분 리되어 있었다. 시 안에는 '행行'이

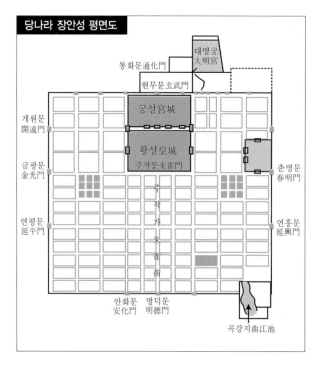

당나라 장안성 평면도

- 대명궁 大明宮
- 통화문通化門
- 현무문玄武門
- 궁성宮城
- 개원문 開遠門
- 황성皇城
- 주작문朱雀門
- 금광문 金光門
- 춘명문 春明門
- 주작가 朱雀街
- 연평문 延平門
- 연흥문 延興門
- 안화문 安化門
- 명덕문 明德門
- 곡강지曲江池

▲ 서안 남문南門과 전루箭樓
지금의 서안성西安城의 일부분은 당나라의 수도였던 장안 황성皇城의 기초 위에 지어졌다.

라고 하는 많은 점포들이 있었다. 육행肉行(고깃집), 어행魚行(생선집), 약행藥行(약방), 연행絹行(비단집), 금은행金銀行(금은방) 등 다양한 상점들이 있었는데, 동시東市에만 200여 종의 업종이 있었다고 한다. 세계 각처에서 들어오는 진기한 보물들은 모두 여기서 팔려 나갔다.

장안성은 또 당시의 문화 중심지로 음악, 춤, 투계鬪鷄, 줄다리기, 그네타기 같은 오락 활동이 많이 있었다. 당나라의 가장 유명한 화가, 서예가, 시인은 모두 장안성에 모여들었고, 그들의 창작 활동은 장안성에 활기를 불어넣어 주었다. 그때 일본과 신라 등 많은 국가에서 유학생을 파견하였고, 페르시아나 아라비아의 상인들이 구름처럼 장안성으로 몰려와 상업 활동을 하였다. 당시 인구 백만이었던 장안성에 장기 거주하던 외국인이 만 가구 이상 있었다고 한다. 장안은 당나라 때 중국의 정치, 경제, 문화의 중심이었을 뿐 아니라 국제적으로도 매우 유명한 도시였다.

미니상식 ㊳ 중국 6대 고도古都

중국 고대 역사에 있어 6대 고도로 섬서陝西의 서안西安, 하남河南의 낙양洛陽, 강소江蘇의 남경南京, 북경北京, 하남의 개봉開封, 절강浙江의 항주杭州 등을 들 수 있다.

송찬간포 松贊干布와 문성공주 文成公主

토번吐蕃은 장족藏族의 조상으로 오래 전부터 청장고원靑藏高原 일대에서 농경과 유목 생활을 하고 있었다. 7세기 전반 토번의 걸출한 수령 송찬간포는 그곳의 여러 부족들을 통일하고 라사邏些 (지금의 티베트 라싸)에 수도를 정하였다.

송찬간포는 당나라 문화를 좋아하여 당나라와 혼인 관계를 맺을 것을 몇 차례에 걸쳐 청하였고 당唐 태종太宗은 문성공주를 그에게 시집보냈다.

641년 문성공주는 당나라 관리의 보호하에 토번에 도착하였고, 송찬간포는 성대한 결혼식을 거행하였다. 토번 사람들은 춤과 노래를 하며 문성공주를 환영하였다. 그들은 원래 천막 같은 곳에 거주하였는데 문성공주를 환영하기 위해 특별히 화려한 왕궁을 지었다는 소문도 전해 내려오고 있다. 이것이 바로 지금의 포탈라궁의 전신이라고 한다.

문성공주는 재주와 학문이 뛰어난 여자였다. 그녀는 토번에 시집갈 때 수많은 의약 및 기술 관련 서적들을 가지고 갔고, 곡식과 채소의 종

◀ 송찬간포 松贊干布 상
7세기 전반의 토번의 수령이었던 그는 당나라 문성공주를 아내로 맞았다.

◀ 문성공주 文成公主 상
당 태종의 공주였던 그는 토번으로 시집가 한족의 문화를 토번에 전하는 데 큰 역할을 했다.

자와 수공예품도 가지고 갔다. 그녀와 함께 티베트에 들어간 사람들 중에는 누에를 기르는 사람, 술을 제조하는 사람, 종이를 만드는 사람, 자수를 놓는 시녀 등이 있었다고 한다. 문성공주는 불교를 신봉하여 대소사大昭寺의 주춧돌도 그녀가 선정하였다는 말이 있다. 한족의 문화가 토번에 들어감으로 인해 토번은 경제 생산과 문화에 있어 큰 발전을 이루게 되었다.

　문성공주는 토번에서 40년을 생활하였다. 그녀는 한족과 장족 두 민족간의 우의를 돈독히 하는 데 많은 역할을 하였으며, 장족 사람들의 사랑을 받았다. 지금까지 티베트 라싸의 대소사와 포탈라궁에는 문성공주의 동상이 남아 있고, 장족 사람들 사이에는 아직도 문성공주와 관련된 아름다움 전설이 전해지고 있다.

미니상식　(39)　토번과 당나라

8세기 초, 당唐 중종中宗은 토번의 수령 찬보척대주단贊普尺帶珠丹의 요구를 받아들여 금성공주金城公主를 그에게 시집보냈다. 척대주단은 당나라 황제에게 보내는 편지에 토번과 당나라가 "화목하여 한 집안이 되었다 和同爲一家"라고 썼다고 한다.

▼ 당 염립본閻立本의 보련도 步輦圖
이 그림은 토번 사자가 송찬간포의 명령을 받들어 장안에 가서 청혼을 하자 당 태종이 보련을 타고 접견하는 역사적 사실을 묘사한 것이다.

현장법사
玄奘法師

▲ 현장玄奘 상
당나라 때 불교의 발원지
인 천축에 불경을 구하러
갔던 승려이다.

『서유기西遊記』에 보면 서역, 즉 지금의 인도로 가 불경을 가지고 오는 당나라 승려가 나온다. 그는 제자 손오공, 저팔계, 사오정 등과 함께 81가지의 재난을 겪은 후 마침내 서역에 도착하여 진경眞經을 얻게 된다. 이 이야기 속의 당나라 승려는 마음은 좋지만 어딘가 좀 흐리멍덩한 곳이 있어 보인다. 이 이야기는 허구이나 당나라 때 실제로 서역에 불경을 구하러 갔던 승려가 있었다. 그의 법호는 현장玄奘 이다.

현장법사(602~664)는 어렸을 때 출가하여 승려가 되었고, 불교 공부를 열심히 하여 불교 경전에 정통하였다. 그는 번역된 불경에 오류가 많음을 발견하고 불교의 발원지인 천축天竺(지금의 인도)에 가서 경전을 구해 공부할 결심을 하였다.

현장은 당唐 정관貞觀 원년(627) 인도를 향해 출발하였다. 그는 광활한 사막을 지나 수많은 어려움을 극복하고 꼬박 1년을 걸어 천축에 도착하였다.

현장은 천축에서 15년 동안 유학을 하면서 70여 개 국가를 돌아다녔다. 그가 한 많은 일들은 천축 사람들을 감동시켰다. 어떤 국왕은 사람을 시켜 그를 위해 경전을 베껴쓰도록 하였으며, 현장 또한 그곳에서는 사라진 불경을 그들에게 소개하여 주기도 하였다. 천축의 언어도 배워 그곳에서 열리는 불교 관련 학회에 참가해 발표 및 강의도 한 현장은 박학다식함에 천축 사람들의 존경을 받았다.

42세 때 현장은 650여 부의 불경을 가지고 장안長安으로 돌아와 열렬한 환영을 받았다. 귀국한 후 현장은 대규모의 불경 번역 사업에

▲ 현장의 이름을 쓴 석불좌石佛座

석불좌는 높이가 36㎝이고, 길이가 49.5㎝이다. 1977년 섬서陝西 동천銅川 옥화궁玉華宮 유적지에서 출토되었다. 이 석불좌는 현장이 옥화사玉華寺에 있을 때의 유물이다.

돌입하였다. 그 결과 불경 74부, 약 1,300여 권을 번역해냈다.

고승이면서 위대한 번역가였던 현장법사는 중국 문화의 발전에 큰 공헌을 하였고, 또 중국과 인도의 문화 교류에도 큰 공헌을 하였다.

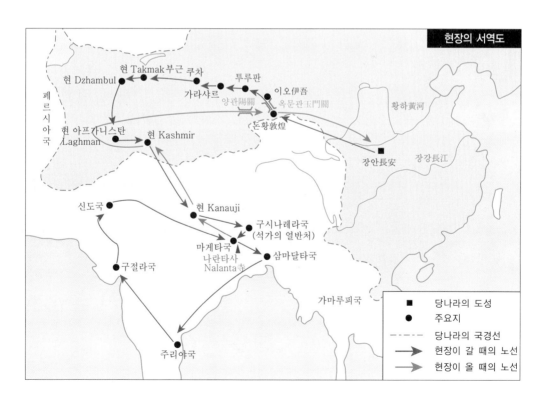

◀ 흥교사興敎寺 현장묘탑 玄奘墓塔
지금의 서안 동남쪽 교외 흥교사 안에 있는 이 탑은 669년 세워졌다. 이 탑은 고승 현장을 안치한 것으로 유명할 뿐 아니라 나무로 지은 누각 형식을 모방하여 벽돌로 만든 초기의 전형적인 작품으로도 유명하다.

◀ 자은사慈恩寺 대안탑大雁塔
자은사는 지금의 서안 남쪽 교외에 위치하고 있다. 수나라 때 처음 축조되기 시작하여 당나라 때 대자은사大慈恩寺로 확대 축조되었다. 현장은 불경을 가지고 귀국한 후 처음에는 장안의 홍복사弘福寺에 머물다 자은사로 옮겨온 뒤 그가 가지고 온 불경을 보관하기 위해 대안탑을 지었다. 사진은 대안탑의 외부 모습이다.

미니상식 ㊵ 『대당서역기 大唐西域記』

현장은 서역을 돌아다니다 귀국한 후 『대당서역기』를 지었다. 그는 이 책에서 당시 서역으로 칭해지던 100여 개 국가와 지역의 풍토와 인정, 생산물, 기후, 지리, 역사, 언어, 종교 상황에 대해 자세하게 기록하고 있다. 그 중 대부분은 그가 서쪽으로 가서 보고 들은 것을 기록한 것으로 오늘날 중앙아시아와 남아시아 고대의 지리와 역사를 연구하는 데 중요한 자료가 되고 있다. 지금 이 책은 이미 여러 언어로 번역되어 세계적인 명성을 얻고 있다.

일본으로 건너간 승려 감진鑑眞

현장玄奘이 서역에서 불경을 가지고 장안長安으로 돌아온 약 100년 후, 당唐 나라의 불교 승려 감진은 동쪽인 일본으로 건너가 불법을 전파하기로 마음먹었다.

감진은 양주揚州 사람으로 어려서 출가해 승려가 되었다. 양주 대명사大明寺 주지를 맡았던 적이 있는 그는 학문이 깊었고 불교에 대해 폭넓은 지식을 지니고 있었다.

742년 일본 천황은 대명사로 사람을 보내 감진에게 일본으로 건너와 불법을 전파해줄 것을 청하였다. 당시 해상 교통은 여러모로 불편하였고 또 위험하였기에 사람들이 걱정하였으나 감진은 불법을 전파하기 위해서는 생명도 아깝지 않다고 하며 이에 응하였다. 그러나 감진이 일본에 가려는 계획은 계속 연기되었다. 한번은 바다에 나선 지 얼마 안 되어 배가 암초에 걸렸고, 또 한번은 관아에 억류당하였다. 다섯 번째 그가 일본으로 향했을 때는 강풍이 불고 큰 파도가 쳐 14일이나 바다에서 표류하다 겨우 구조되었고, 결국 일본으로 가려던 계획을 포기할 수밖에 없었다.

▶ 감진鑑眞의 좌상
좌상의 높이는 80㎝이고, 지금 일본 나라의 당초제사 개산당開山堂에 보존되어 있다.

109

▶ **일본 나라의 당초제사**
승려 감진이 직접 설계하여
지었다고 전해진다.

　　얼마 안 있어 감진은 병으로 인해 두 눈이 실명되었다. 그러나 일본
으로 가 불법을 전파하려는 마음은 조금도 변하지 않았다. 753년 그
는 이미 66세가 되었지만 여섯 번째 항해를 시작하였다. 바다 위에서
풍랑과 싸우길 한 달 남짓, 감진은 마침내 일본에 도착할 수 있었다.
감진은 그때 제자 23명과 함께 일본으로 건너갔다. 그들은 많은 서적,
불상, 경서, 진귀한 물품들을 같이 가지고 갔다.

　　감진은 일본에 10년 머물면서 불법을 전파하였을 뿐만 아니라 일본
의 건축, 의학, 예술 등의 방면에 많은 공헌을 하였다. 오늘날 일본인
들이 예술의 극치라고 칭찬하는 건물인 나라奈良에 있는 당초제사唐
招提寺도 감진이 직접 설계하여 지은 사찰이다. 그의 의술 또한 일본
에 많은 영향을 끼쳐 일본인들은 그를 '의술의 시조'라고까지 부르고
있다. 그는 후에 일본에서 입적하였다.

미니상식　(41)　**견당사遺唐使**

당나라는 당시 동방 제1의 선진국가였다. 그래서 일본에서는 10여 차례 견당사를 파견해 중국에서 견문을 넓
히도록 하였는데, 많을 때는 500~600명이나 되었고 한다. 견당사들은 귀국 후 적극적으로 중국의 사회제도
와 문화를 전파하였다고 한다.

과거제

과거제란 조정에서 과목을 개설하여 공개 시험을 거쳐 인재를 선발한 후 관직을 수여하는 제도이다. 당唐 나라는 수隋 나라 때 생겨난 이 제도를 계승·발전시켜 국가의 인재를 선발하는 주요 수단으로 삼았다.

당나라는 과거시험을 상과常科와 제과制科의 두 종류로 나누었다. 상과는 매년 실시하였는데, 고시 과목으로는 수재秀才, 명경明經, 진

▼「송인과거고시도 宋人科擧考試圖」

▼ 대금방 大金榜

청清 나라 때에 전시殿試의 결과를 공포하는 데 쓰였던 대금방으로 황궁의 문밖에 붙여 놓았다고 한다. 전시는 과거 중 마지막 단계의 시험이다. 과거에 합격하여 금방에 이름이 오르는 것은 선비들에게 최고의 영광이었으나, 시험을 통과하는 자들은 매우 적었다.

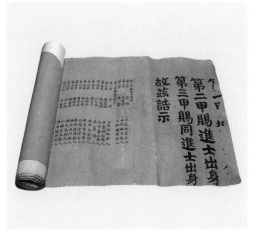

▲ 청대 전시 시험지 겉 표지
시험에서 부정행위를 방지하기 위해 역대 수험생들은 몸 수색 등 엄격한 통제를 받았다.

▲『명장원도고 明狀元圖考』
명나라는 만력 萬曆 30년 (1607)『명장원도고』를 출판하였다. 향시 鄕試의 1등은 해원 解元, 회시 會試의 일등은 회원 會元, 전시 殿試의 일등은 장원 狀元이라고 한다.

사 進士 등이 있었다. 이들 과목 중에서 진사과 시험이 가장 어려워 백 명 중 한두 명만 합격할 뿐이었다. 이에 진사과는 사인 士人들에게 특별히 중시되었다. 진사과 시험에 합격하는 것을 '급제 及第'라고 하였다. 급제한 사람은 곡강지 曲江池에서 벌이는 축하연회에 참석하여야 했고, 장안 長安 자은사 慈恩寺 대안탑 大雁塔 아래 이름이 새겨지는 영예를 누리기도 하였다. 제과는 황제가 임시로 영을 내려 설치한 과목으로 이 시험을 치르게 하는 명분도 가지지였다. 일반적으로 황제가 주관하지만 사인들은 제과 시험에 합격한 사람들을 비정상적인 길을 통해 들어온 자라 여겨 왕왕 무시하는 경향이 있었다.

당대 수험생들은 두 종류였다. 하나는 학관 學館에서 선발되어온 학생들로 '생도 生徒'라고 불렸다. 또 하나는 주현 州縣의 예비 시험을 통과한 후 다시 수도에 올라와 시험에 참가하는 자들로 '향공 鄕貢'이라 불렸다. 당대 과거 시험은 일반적으로 예부 禮部에서 주관하였고, 합격한 자들은 다시 이부 吏部에서 보는 시험을 거쳐 성적순으로 여러 관직을 받았다.

수·당 시기의 과거제는 일반 사람들도 시험에 참가해 관리로 선발될 수 있는 기회를 주는 제도였다. 이러한 제도를 통해 봉건왕조들은 관리 선발의 범위를 넓혀나갈 수 있었다. 과거제는 수, 당, 송 宋, 원 元, 명 明, 청 淸 등 역대 왕조들이 모두 채용한 인재 선발의 중요한 방식이었다. 그러나 명·청 시기의 과거제는 활기를 잃고 진부한 제도로 변해 중국 지식인들의 사상을 속박하게 되고 이러한 상황은 역사 발전에 부정적인 영향을 끼치기도 하였다.

미니상식 ④② 과거제의 변화

과거제는 내용면에 있어 비교적 큰 변화가 두 번 있었다. 첫 번째는 북송 北宋 후기, 왕안석 王安石의 개혁으로 사회 발전에 유용한 인재를 배양하고 선발하기 위해 시부 詩賦 시험을 폐지하고, 경의 經義, 논論, 책策 등을 시험 보게 한 것이다. 두 번째로는 명대에 있던 변화로 자유로이 자신의 생각을 산문으로 서술하던 것에서 엄격한 격식을 갖추어야 하는 팔고문 八股文을 사용하게 한 것이다. 이는 과거시험 형식의 큰 퇴보라고 할 수 있다.

중국의 3대 석굴

대략 1세기 전후하여 불교가 신강新疆을 경유하여 중국에 들어왔다. 당시에 통치자들은 불교를 선양하기 위해 절벽이 있는 지역에 석굴을 만들기 시작하였다. 수隋·당唐 시기에 이르자 석굴 예술은 더욱 발전하게 되었다. 그 중 유명한 것으로 산서山西 대동大同의 운강석굴雲岡石窟, 하남河南 낙양洛陽의 용문석굴龍門石窟, 감숙甘肅 돈황敦煌의 막고굴莫高窟이 있다. 그 석굴들에는 화려한 색채와 다양한 형태의 불교 벽화와 조각들이 있어 전세계 사람들로부터 '예술의 보고'라고 불리고 있다.

대동의 운강석굴은 북위北魏의 불교 예술 중 가장 유명하다. 운강

▲ 대동 운강석굴의 불상
주불主佛의 높이는 13.75미터이다. 조형이 생동적이어서 운강석굴의 대표적인 예술품으로 손꼽히고 있다.

◀ 봉선사奉先寺 비로자나대불
용문석굴 봉선사는 성당盛唐 시기에 세워졌다. 주존主尊은 비로자나대불로 좌대까지 합해 높이가 17.14미터에 이른다. 이 비로자나대불은 지혜를 대표하는 부처이다. 자비로운 이 불상의 얼굴은 인간 세상에 대한 부처님의 관심을 보여주고 있다.

113

▲ 돈황 막고굴 내의 벽화
「악무 樂舞」

그림 가운데는 서천西天 정토 淨土의 극락세계이다. 춤을 추는 사람과 비파를 연주하는 사람들의 자세가 부드럽고 아름답다.

▲ 낙양 용문석굴의 불상

용문석굴에는 300미터가 넘는 불상부터 엄지손가락만한 불상까지 다양한 형태의 불상이 그 수를 헤아릴 수 없을 정도로 많다.

석굴은 산을 의지해 만들어졌는데, 동서로 약 1킬로미터에 걸쳐 수없이 많은 크고 작은 불상들이 조각되어 있다. 그 중 가장 큰 불상은 높이가 13.75미터에 이른다.

용문석굴에서 가장 큰 동굴은 당나라 때 만들어진 것으로 불상의 조형과 복식이 더욱 동방화되었고 사실에 더 가까워 당대 사람들의 심미 의식이 구현되어 있다고 할 수 있다.

돈황의 막고굴은 1,000여 개의 동굴이 있었기에, 천불동 千佛洞이라고도 불린다. 지금은 수백 개의 동굴이 남아 있는데, 그 중 60~70%가 수·당 시기에 만들어진 것이다. 동굴의 네 벽과 천장에는 채색 벽화로 가득 채워져 있다. 현존하는 벽화의 총면적은 45,000여 평방미터나 되는데, 벽화의 내용은 불교 고사와 관련된 것이다. 많은 그림들이 수·당 시기 사회의 번영을 반영하고 있기도 하다. 막고굴의 조각상은 모두 2,400여 개나 되는데 이 역시 수·당 시기 것이 반을 차지하고 있다. 이러한 조각상들 역시 예술적인 가치가 뛰어나다.

미니상식 ㊸ 낙산대불 樂山大佛

사천四川 낙산樂山의 낙산대불은 현존하는 세계 최대 석각石刻 좌불상이다. 낙산대불은 당唐 현종玄宗 개원開元 원년(713) 공사를 시작하여 당唐 덕종德宗 정원貞元 19년(803) 완공하였다. 낙산대불은 미륵彌勒 좌상으로 전신 높이가 70.8미터, 어깨 폭이 24미터이다. 완공했을 때 미륵의 온몸에는 채색을 하였고, 위에 너비가 60미터 되는 7층 누각이 이 불상을 보호하도록 하였다. 이 누각은 나중에 전쟁으로 불타버리고 말았다. 낙산대불은 "산 하나가 부처요, 부처가 산 하나로다山是一尊佛, 佛是一座山"라는 말을 듣고 있다.

대시인 이백李白,
두보杜甫,
백거이白居易

당唐 나라는 수많은 시인을 배출하였다. 이들 시인 중 셋을 꼽으라
면 이백, 두보, 백거이를 들 수 있다.

이백은 어려서 열심히 공부하였고, 청년이 되어서는 국가를 위해
봉사하겠다고 마음먹었다. 그러나 세속에 영합하는 성격이 아니었기

▼ **이백李白의 동상**
당나라 시인 중 으뜸으로 꼽히는 그는 중국 문학사에서 빼놓을 수 없는 시인이다. 그의 시는 세계 각국의 언어로 읽히고
있다.

▲ 「이백행음도 李白行吟圖」
중국인들은 이백을 시선詩仙이라 부르며 존경하고 있다.

에 그의 꿈은 계속 꺾여갔다. 꿈이 꺾인 그는 여러 곳을 돌아다니며 술을 마시고 시를 썼다.

그는 중국의 자연을 찬미한 수많은 시들을 써냈다. 예를 들어 망망대해 같은 장강의 장관을 그린 "외로운 돛단배 저 멀리 하늘 끝에 있고, 보이는 것은 다만 장강이 하늘가에서 흐르는 것뿐孤帆遠影碧空盡, 唯見長江天際流 ─「黃鶴樓送孟浩然之廣陵」", 황하가 단숨에 천 리를 흐르는 것을 묘사한 "황하의 물은 천상에서 내려와, 바다로 흘러 다시는 돌아오지 않는다네黃河之水天上來, 奔流到海不復回 ─「將進酒」", 또 여산廬山 폭포의 장관을 그린 "나는 듯한 물줄기 곧바로 삼천 척을 떨어지니, 저 멀리 하늘에 있는 은하수가 떨어지는 것은 아닐런지?飛流直下三千尺, 疑是銀河落九天 ─「望廬山瀑布」", 고요한 밤 고향을 생각하는 정을 그린 "침대 앞의 달은 밝은데, 땅에는 서리 내렸겠지? 머리 들어 밝은 달 보다 고개 숙여 고향 생각하네床前明月光, 疑是地上霜. 擧頭望明月, 低頭思故鄉 ─「靜夜思」" 등이 있다. 이백의 시는 상상력이 풍부하고, 기세가 있으며, 언어가 자연스러워 성당盛唐 시대의 정신을 대표하는 전형적인 시로 꼽히고 있다. 후대 사람들은 그를 '시선詩仙'이라 부르며 존경하고 있다.

두보는 강성하던 당나라가 쇠락해가는 시대를 살았다. 젊었을 때의 두보도 이백처럼 방방곡곡을 돌아다녔다. 이백과 두보는 낙양洛陽에서 만난 적이 있는데 그들은 깊은 우의를 나누었다고 한다.

그의 일생은 고난으로 가득 차 있었고, 세상을 구하겠다는 포부도 펼쳐보지 못하였다. 두보는 강한 애국정신을 지니고 있어 자신과 국가의 운명을 하나로 생각하고 있었다. 그는 백성들의 고난을 가슴 아파하여 시로써 복잡다단한 시대 상황을 써냈다. 그래서 후대 사람들은 그의 시를 '시로 쓴 역사'라 하였다. 예를 들어 "화려한 문 안에서는 술과 고기의 역한 냄새 풍기나, 길에는 얼어 죽은 시체가 나뒹굴어 다니네朱門酒肉臭, 路有凍死骨 ─「自京赴奉先縣詠懷五百字」", "나라는 망해도 산하는 그 자리에, 봄 성터엔 풀만 무성히 자라고 있구나國破山河在, 城春草木深 ─「春望」" 같은 시들은 모두 사람들의 입에 오르내리는 유명한 작품이다. 그의 시는 침울하고 비장하지만, 언어를 잘 다듬어 사용하여 후대 시인들이 모두 그의 영향을 받을 정도로 최고 수준에 올라있다. 후대 사람들은 그를 존경하여 '시성詩聖'이라고 부르고 있다.

백거이는 십대에 이미 "초원 위의 풀들이 분명하게 보이네. 해마다 자랐다가 죽건마는, 들불도 이들을 태워 없애지 못한다네. 봄바람 불면 또 살아난다네 離離原上草, 一歲一枯榮。野火燒不盡, 春風吹又生一

▲ 두보杜甫 상
시성詩聖이라 불리는 당나라의 시인이다.

◀ 두보초당杜甫草堂
성도成都 교외에 위치하고 있고, 면적이 약 20헥타르 정도이다. 주요 건축물로 대해大廈, 시사당詩史堂, 시문柴門, 공부사工部祠 등이 있다. 초당은 두보가 관직을 그만두고 성도에 은거하였을 때 사용하던 것인데 역대 왕조의 개축을 거쳐 지금의 규모를 갖게 되었다.

▲ 백거이白居易 상
통속적이고 이해하기 쉬운 시를 당나라에 널리 유행시킨 시인이다.

「草」 같은 명시를 지었다. 사회 모순이 횡행하였던 중당中唐 시기를 살았던 백거이는 시는 백성의 생활을 반영하여야 한다고 주장하였다. 백거이의 시는 통속적이고 이해하기 쉬워 당시 널리 유행하였다고 한다.

그는 시를 쓸 때 항상 할머니들에게 먼저 들려주고, 그 할머니들이 이해할 때까지 몇 번이고 고쳐 썼다고 한다. 「장한가長恨歌」, 「비파행琵琶行」 같은 장시들 역시 매우 아름다워 사람들을 감동시키고 있다.

▲ 백거이초당白居易草堂
백거이를 기념하기 위해 후대 사람들이 초당 앞에 백거이의 전신 조각상을 세워 놓았다.

미니상식 ㉔ 당시와 당대 시인

청대淸代의 『전당시全唐詩』 및 관련 자료에 따르면 당나라 때 시인은 약 3,700여 명이나 있었고, 당시는 약 53,000여 수나 있었다고 한다.

봉건사회의 지속적인 발전과 민족 정권의 병립 시기
오대五代·요遼·송宋·하夏·금金·원元

개요

　오대五代, 요遼, 송宋, 하夏, 금金, 원元 시기는 907년 후량後梁의 건립으로 시작하여 1368년 원나라가 멸망하는 460여 년 간을 말한다. 주온朱溫이 양梁 나라(역사에서는 후량이라 일컬음)를 세운 이후 50여 년 동안 중국 북방에서는 후량後梁, 후당後唐, 후진後晉, 후한後漢, 후주後周 등 다섯 조대가 차례로 출현하였는데 이를 오대라고 한다. 남방과 산서山西 지역에서는 전촉前蜀, 오吳, 민閩, 오월吳越, 초楚, 남한南漢, 남평南平, 후촉後蜀, 남당南唐, 북한北漢 등 십여 개 할거 정권이 등장하는데 이를 합쳐 십국十國이라고 부른다. 960년 후주의 장수 조광윤趙匡胤이 송나라를 세웠는데, 이를 역사에서는 북송北宋이라고 한다. 1127년 여진女眞의 귀족이 세운 금金 나라 군대가 개봉으로 쳐들어 와 북송 정권은 멸망하고 말았다. 황제 자리를 물려받은 조구趙構는 남쪽으로 도망가 지금의 항주杭州에 수도를 정하는데, 이를 역사에서는 남송南宋이라고 부른다. 송나라와 금나라가 대치하고 있는 가운데 1206년 징기스칸은 몽고를 통일하였다. 그 뒤 몽고는 서하, 금 등을 멸망시키고, 다뉴브강 유역까지 진출하였다. 1260년 칸의 자리를 계승한 쿠빌라이는 1271년 정식 국호를 원元으로 정하고, 1276년 항주를 점령한 뒤, 1279년 남송의 잔여 세력을 소멸하고 중국을 통일하였다. 1368년 주원장朱元璋의 군대에 의해 원나라는 멸망하고 말았다.

　이 시기 유럽은 여전히 경제, 문화 부분에 있어 활기를 잃고 있었다. 반면 북송은 경제가 발전하였고, 과학기술 수준 역시 뛰어났다. 또 세계 최초로 지폐가 등장하였고, 화약 무기가 광범위하게 사용되었으며, 지남철을 항해에 사용하였고, 활자인쇄를 발명하였다. 원나라의 영토는 과거 어느 시대 어느 나라의 영토보다 컸고, 북경北京은 당시 세계에서 이름 높은 상업 도시였다. 원元 세조世祖 때 중국에 와 10여 년을 머무른 이탈리아 사람 마르코 폴로가 쓴 『마르코 폴로 여행기』에는 북경의 번화한 모습이 자세히 묘사되어 있다. 문학에 있어 성과로는 송나라 때는 사詞를 들 수 있고, 원나라 때는 희곡을 들 수 있다.

술 한 잔에 병권을 얻은 조광윤 趙匡胤

당 唐 나라가 멸망한 후, 중국의 역사는 오대십국五代十國의 혼란 시기로 접어들었다. 후주後周(951~960) 시기 주周 세종世宗은 조광윤에게 군사 대권을 쥐어 주었다. 주 세종이 죽은 후 그의 어린 아들이 재위하였는데, 조광윤은 기회를 틈타 황권을 빼앗고 송나라를 세웠다. 그가 바로 송宋 태조太祖이다.

송 태조 조광윤이 황제가 된 지 얼마 안 되어 두 지역의 절도사가 반란을 일으켰다. 송 태조는 어렵게 이들의 반란을 평정시켰다. 이 일이 있고 나서 송 태조는 매우 불안해했다. 어느 날 그는 그를 오래도록 수행하였던 조보趙普에게 물어보았다. "당나라 이후 몇 번의 조대가 바뀌었지만 계속하여 전쟁이 일어나 얼마나 많은 사람들이 죽었는지 모를 정도라네. 도대체 왜 이런 일이 자꾸만 반복된단 말인가?" 조보가 말하였다. "아주 간단합니다. 군사 권력이 집중되지 않았을 경우 국가가 혼란해지면 바로 반란이 일어나게 되는 것입니다. 만약 군사 권력을 중앙에 집중할 수 있다면 천하는 태평해질 것입니다." 송 태조는 그 말을 듣고 머리를 끄덕였다. 그 자신도 자기 손안에 있는 병권을 가지고 황제의 자리를 빼앗았기 때문이었다. 이러한 상황이 또 발생하는

▼ 조광윤 趙匡胤 상
후주 시기 혼란한 틈을 타 송나라를 세운 태조 조광윤의 모습이다.

것을 막기 위해 송 태조는 병권을 모으기로 결심을 한다. 961년 가을 어느 날 밤, 송 태조는 궁중에서 연회를 벌이며 석수신石守信 등 몇 명의 노장에게 술을 권하였다. 그는 술 한 잔을 들고 모두에게 잔을 비울 것을 권하며 말하였다. "만약 당신들의 도움이 없었다면 오늘날의 짐은 없었을 것이오. 그러나 당신들은 모르오. 황제 노릇을 하는 것이 얼마나 힘든 것인지. 차라리 절도사 노릇을 하는 것이 더 행복할 것이오." 석수신 등은 이 말을 듣고 이상히 여겨 왜 그런 말을 하는지 황급히 물었다. 송 태조가 이어서 말하였다. "아니, 그것도 모른단 말이요? 황제라는 자리에 앉고 싶지 않은 사람이 어디 있겠소?" 석수신 등은 이 말 속에 뼈가 있음을 알아차렸다. 모두들 황망히 땅바닥에 무릎을 꿇고 말하였다. "저희들은 절대 두 마음을 먹지 않겠습니다." 송 태조는 머리를 흔들며 말하였다. "당신들을 설마 내가 못 믿겠소? 내가 걱정하는 것은 당신들 부하 중에 부귀를 얻고자 당신들을 황제로 만들려 하는 자가 있을 수 있다는 것이오. 당신들이 하기 싫다고 하여도 설마 거절하는 게 가능하리라 생각하오?" 석수신 등은 깜짝 놀라 온 몸에 땀을 흘리며 계속하여 머리를 조아렸다. 그 다음날 그들은 나이가 들어 사직하고자 한다고 청해왔다. 송 태조는 바로 이를 받아들이고, 그들에게 엄청난 재물을 주고는 병권을 손에 넣었다. 역사에서는 이것을 '술 한 잔에 병권을 놓은 사건'이라 부르고 있다.

미니상식 **45** 黃袍加身(황제가 되다)

960년 초 후주의 변경이 위험해지자 정부에서는 대장 조광윤을 보내 이를 막게 하였다. 후주의 진교역陳橋驛에 도착했을 때 조광윤은 잠시 군사들에게 쉬라하고 술을 마시다가 잠들어버렸다. 그가 잠든 사이 측근들은 지금의 어린 황제보다는 조광윤이 나을 것이라는 생각에 조광윤을 황제로 모시기로 결정하였다. 그 다음날 아침, 많은 장군과 사병들이 시끌벅적하게 그의 장막으로 몰려들어와 황제의 상징인 곤룡포를 그의 몸에 걸쳐주었다. 이후 '곤룡포를 몸에 걸치다'라는 뜻의 '黃袍加身'은 '황제가 되다'라는 뜻으로 널리 쓰이게 되었다.

양가장楊家將의 충성

양가장(양씨 집안의 장군들) 이야기는 중국 민간에 널리 알려져 있다.

양가장의 역사적 주요 인물로 양업楊業이라는 사람이 있다. 북송北宋 초년 북방의 요遼 나라가 송나라 변경을 계속하여 침범했을 때 양업은 군대를 이끌고 변경의 요충지인 안문관雁門關을 지키고 있었다. 980년 요나라는 10만 대군을 이끌고 안문관을 공격하기 시작하였다. 그때 양업은 겨우 몇 천 명의 병사와 말을 보유하고 있을 뿐이었다. 그는 대부분의 병사들에게 안문관을 지키게 하고, 자신은 몇 백 명의 기병만을 이끌고 요나라 군대의 뒤쪽으로 몰래 돌아가 기습을 하였다. 요나라 군대는 전혀 준비가 안 되어 있는 상황에 습격을 받자 허둥거리다 결국 전쟁에 패하여 돌아갔다.

안문관 전투에서 승리를 거둔 후, 양업은 또 송나라 군사를 거느리고 벌인 몇 번의 전쟁에서 대승리를 거둔다. 그 후 요나라 군대는 '楊' 자가 새겨진 군기만 보면 놀라 감히 전투를 벌일 엄두를 내지 못하였다고 한다. 사람들은 양업에게 '천하무적 양업'이라는 뜻으로 '楊無敵'을 별명으로 지어 주었다.

2년 후 송宋 태종太宗은 요나라를 대대적으로 공격하기로 마음먹고 송나라 군대를 셋으로 나누어 진격하였다. 양업은 여기서 서로군西路軍 부사령관을 맡았다. 처음에는 삼로군三路軍의 진격이 순조로워 보였다. 그러나 얼마 후 동로군東路軍이 무모하게 돌진하였다가 패해 버리자 송나라 군대는 후퇴하지 않을 수 없었다. 철수할 때 서로군 사령관의 지휘 실수로 양업의 부대는 요나라 대군의 매복에 걸려 사병들은 모두 전사하고, 양업 역시 몸에 수십 군데의 상처를 입으며 고군분투하다 결국 포로로 잡히고 말았다. 양업은 요나라 진영에서 투항하지 않고 사흘 밤낮을 아무것도 먹지 않고 버티다 결국 숨을 거두었다.

양업이 죽은 후 양업의 자손들은 그의 임무를 이어받았다. 아들 양연소楊延昭, 손자 양문광楊文廣은 모두 송나라 변경을 지키는 전쟁에서 공을 세웠다. 민간에 떠도는 양가장 이야기는 바로 그들의 이야기를 다듬어 만든 것이다.

▶「양가장고사도楊家將故事圖」

미니상식 ④46 요나라

916년 야율아보기耶律阿保機는 거란契丹을 세웠다. 947년 야율덕광耶律德光은 국호를 요로 고치고 수도를 상경上京(지금의 내몽고 지역)으로 정했다. 국호는 거란으로 쓰기도 하고, 요로 쓰기도 하였다.

청렴한 관리 포청천包青天

중국 민간에는 포공包公과 관련된 수많은 전설이 퍼져있다. 사람들은 그를 '포청천', 또는 '청천대노야青天大老爺'라고 부르며 백성들을 위해 공평무사하게 법을 집행하는 그를 칭송하였다. 실제로 역사에 이러한 인물이 존재하였는데, 그가 바로 송나라의 포증包拯이다.

포증(999~1062)은 안휘安徽 합비合肥 사람으로 중앙과 지방에서 모두 관직생활을 하였다. 그가 현관縣官으로 있을 때 그의 외종숙이 범법 행위를 저질렀다. 포증은 개인적인 정을 접어두고 법에 따라 엄격하게 일을 처리하여 결국 그에게 사형 언도를 내렸다. 수많은 친척들이 찾아와 죄를 감해 줄 것을 청했으나 포증은 다음과 같이 말하였다고 한다. "내가 그에게 애정이 없어서가 아닙니다. 애당초 법을 어기지 말았어야죠."

후에 포증은 중앙에서 관리를 하고 있을 때에도 높은 관직의 관리도 전혀 두려워하지 않았다. 어느 해 개봉開封에 큰 홍수가 나 백성들의 안전을 위협하고 있었는데 알고 보니 고관 몇 명이 물길 위에 새로 정원의 정자를 수축하느라 물길이 막혀 물이 넘쳐난 것이었다. 개봉의 안전을 위해 포증은 즉시 그 고관들에게 물길 위의 건축들을 철거하라고 명령하였다. 그리고 설령 황제의 친척들이라 하더라도 법령을 위반하면 가만 놔두지를 않았다. 그는 황제에게 계속하여 자신의 의견을 직접 제시하였고, 그 사람들이 응당 받아야 할 벌을 받은 후에야 그만두었다.

억울하게 당한 백성들을 동정한 포증은 이러한 사안을 대할 때마다 사람을 시켜 상세하게 조사하고 분석한 뒤 백성들의 억울함을 풀어주었다. 사람들은 그가 공평무사하게 법을 집행하는 것에 감명하여 그를 '포청천包靑天(푸른 하늘처럼 공평무사한 포공)'이라 부르며 존경하였다.

포증이 고관이 된 후에도 집안 사정은 별반 나아질 것이 없어 먹고 입는 것이 일반 서민들과 다를 것이 없었다. 포증은 죽으면서 다음과 같은 유언을 남겼다고 한다. "자손들 중에 관리를 하면서 부정부패를 저지른 자는 고향에 돌아오지 못하도록 하라. 그리고 죽은 후에도 포씨 집안의 선산에 묻히지 못하도록 하라!"

포증은 일생을 청렴 결백하게 살면서 백성들의 존경을 받았다. 민간에는 그와 관련된 수많은 이야기들이 떠돌아다니고 있는데, 모두들 습관적으로 '포공'이라고 부를 뿐 막상 그의 이름을 아는 사람은 많지 않다.

◀ 포증包拯의 좌상
하남 개봉 포공사包公祠에 있다. 좌상 위쪽의 '정대광명正大光明'이란 네 글자는 후대 사람들이 청렴한 관리인 포증에게 바치는 최고의 찬사이다.

미니상식 (47) 포증의 또 다른 이야기

포증은 평생 청렴하게 살면서 뇌물을 받아본 적이 없었다. 그가 단주端州(지금의 광동廣東 조경肇慶)에서 3년 가까이 관리를 하고 있을 때의 일이다. 단주는 단주 벼루로 중국에서 이름이 높은 곳이다. 붓, 먹, 종이, 벼루는 문방사우로 불리는데, 그 중 호주湖州의 붓, 휘주徽州의 먹, 선성宣城의 종이, 단주의 벼루는 문방사우 중 최고라고 일컬어지는 것들이다. 단주의 벼루는 석질이 탄탄하면서도 부드럽고, 무늬가 아름다우며, 먹물이 금방 갈아지면서도 쉽게 마르지 않는다고 한다. 게다가 붓을 찍어 글씨를 쓰면 부드럽게 나가면서도 윤기가 나 당나라 때부터 그 이름이 나 황제에게 진상을 할 정도였다. 포증 이전의 관리들은 백성들의 벼루를 징수해 조정의 고관들에게 뇌물로 바치곤 하였다. 포증은 현관으로 있으면서 벼루를 징수하지 않았고, 또 고관들에게 뇌물로 바치지도 않았다. 비록 서예를 무척 좋아한 그였지만 단주를 떠날 때 단주 벼루 하나 챙기지 않았다고 한다.

명장
악비岳飛의
군대

악비는 남송南宋 시기 금金 나라의 침략에 대적한 명장이다. 그는 어려서부터 열심히 공부하면서 특히 병법에 많은 관심을 쏟아 부었다고 한다. 그는 20세에 군대에 들어가 용맹으로 이름을 날렸다.

악비는 금나라가 점령한 중원 지방을 수복할 생각뿐이었다. 그는 자기 자신에게는 엄격하였지만 사병들에게는 관심과 애정을 쏟는 사람이었다. 그가 지휘하던 군대는 무척 용감하여 전쟁에서 패한 적이 없었다.

1140년 금나라 대장 올술兀術은 금나라 군대를 이끌고 남송으로 진격하였다. 이에 악비는 자신의 군대를 거느리고 올술의 군대와 맞서 싸웠다.

올술에게는 전문적으로 훈련을 받은 기병들이 있었다. 이들은 철갑으로 무장한 '괴자마拐子馬'라 불리는 말을 타고 두꺼운 철갑옷을 걸

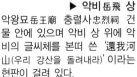

◀ 무릎 꿇은 간신 진회의 모습
항주杭州 서호西湖 옆에 있는 악비의 묘 앞에 있다. 이 좌상은 진회에 대한 일반 서민들의 반감을 반영하고 있다.

▶ 악비岳飛 상
악왕묘岳王廟 충렬사忠烈祠 건물 안에 있으며 악비 상 위에 악비의 글씨체를 본떠 쓴 '還我河山(우리 강산을 돌려내라)'이라는 현판이 걸려 있다.

▲ 항주 악비의 묘에 있는 승전 후 돌아오는 악비를 묘사한 벽화이다.

▲ **악왕묘岳王廟**
항주 서호 옆의 서하령棲霞嶺 밑에 있는, 악비를 모시는 사당이다.

치고 악비의 군대를 향하여 공격해 들어왔다. 악비는 괴자마의 약점을 정확하게 파악하고 적들이 쳐들어 올 때를 기다리다 사병들에게 몸을 구부려 말의 다리만을 베라고 명령하였다. 말들이 다리를 베여 넘어지자 금나라 병사들은 말에서 굴러 떨어졌고, 이렇게 괴자마 부대는 패하고 말았다. 올술은 이 소식을 듣고 울음을 터뜨리며 다음과 같이 말했다고 한다. "병사들을 이끌고 전쟁을 할 때 모두 이 괴자마 부대 덕분에 승리를 했었는데, 지금 이들이 패했으니 이번 전쟁은 끝난 것이나 마찬가지이다." 전쟁의 승리로 악비의 군대는 잃었던 중원 지방의 땅들을 수복할 수 있었다.

그러나 송宋 고종高宗은 금나라와 화친을 맺은 후 악비에게 전선에서 물러서라는 명령을 내리고, 그의 병권을 빼앗아 버렸다. 1142년 간신 진회秦檜는 근거 없이 죄명을 날조하여 악비를 죽이고 말았다. 그때 그의 나이는 39세에 불과하였다.

미니상식 ㉘ 악비의 또 다른 이야기

전설에 의하면 악비가 태어날 때 그의 집 지붕 위에서 새 한 마리가 울며 날았다고 한다. 그의 부모는 그가 장래에 날개를 펼쳐 높이, 그리고 멀리 날기를 바라는 마음에서 이름을 '비飛'라고 지었다고 한다. 악비는 어려서 집안이 가난하여 주경야독하였고, 무예가 뛰어나 양손으로 다 활을 쏠 수 있었을 뿐 아니라 쐈다하면 백발백중이었다고 한다. 소설 『설악전전說岳全傳』에 의하면 악비의 어머니는 악비의 등에 '정충보국精忠報國'이란 네 글자를 새겨 그가 나라에 충성할 것을 강조하였다고 한다. 이 네 글자는 악비가 일생 동안 지켜온 원칙이 되었다.

징기스칸과 쿠빌라이

몽 고족夢古族은 중국 북방에 이전부터 살았던 민족이다. 12세기 말 테무진은 십여 년의 전쟁 끝에 몽고의 여러 부락을 통일하고, 1206년 몽고의 칸으로 추대되었다. 사람들은 그를 '강력한 군주'라는 의미인 '징기스칸'이라 부르며 존경의 뜻을 나타냈다. 징기스칸은 대몽고를 건립한 후 유럽의 다뉴브강 유역까지 군대를 몰고 가 세계 역사에 지대한 영향을 끼치기도 하였다. 징기스칸이 죽은 후 몽고 군대는 서하西夏와 금金을 차례로 멸망시키고 북방 지역 전체를 통일

◀ 징기스칸 상
몽고족의 강력한 군주로 세계 역사에 지대한 영향을 끼쳤다.

▼ 쿠빌라이 상
징기스칸의 손자이자 원나라를 세운 세조이다.

▲ 징기스칸 릉

몽고족의 강력한 군주였던 징기스칸의 이 릉은 지금 내몽고 이금곽락기에 있으며 후대 사람들에 의해 중건되었다.

하였다.

1260년 징기스칸의 손자인 쿠빌라이는 칸의 자리를 물려받은 후 대도大都(지금의 북경北京)에 수도를 정하였다. 1271년 쿠빌라이는 정식으로 황제로 오르고 원元(1271~1368)을 세웠는데, 그가 바로 원元 세조世祖이다. 원 세조는 차츰차츰 북방의 통치를 공고히 한 후, 힘을 모아 남송南宋을 공격하여 1279년 남송을 멸망시키고 중국을 통일하였다.

원 세조 쿠빌라이는 황제가 된 후 중앙과 지방의 행정기구 개혁을 단행하였다. 그는 우선 중앙에 최고 행정기관인 '중서성中書省'을 세웠다. 그리고 지방의 최고 행정기관인 '행중서성行中書省'을 전국 각지에 10곳을 설치하였는데 이를 간략하게 '행성行省'이라고 부른다. 그 외에 토번吐藩(지금의 티베트 지역) 역시 원나라 때 정식으로 중국의 한 행정구역으로 편입되어 중앙의 선정원宣政院이 관할을 하였다. 원나라 정부는 또 팽호순검사彭湖巡檢司를 설치하여 대만臺灣과 팽호도彭湖島를 관할하였다. 이때부터 대만은 중국 중앙 정부의 관할을 받기 시작한다.

원나라의 행성 제도는 중앙과 행성, 행성과 행성 사이의 연계를 강화했고, 이러한 조치로 인해 변경 소수민족 지역에 대한 원나라 중앙 정부의 관리는 이전 어느 왕조보다 효율적으로 이루어질 수 있었다. 이로 인해 다민족 통일국가가 안정되고 발전할 수 있는 기초를 닦을 수 있었으니, 이는 원 세조 쿠빌라이의 뛰어난 업적이었다.

원나라가 창안해낸 행성 제도는 오늘날까지 계속 사용되고 있는데, 그 관할 구역의 크기가 원나라 때와는 다소 차이가 있다.

미니상식 **(49)** **원나라의 대도**

대도는 원나라의 수도이다. 원이 금을 멸망시킨 후 쿠빌라이는 중도中都(금의 수도) 동북쪽의 경치가 수려한 이궁離宮을 중심으로 하여 지원至元 원년(1246) 신도시 건설에 들어가 지원 13년 대도를 완공하였다. 대도성大都城은 외성外城, 황성皇城, 궁성宮城의 삼중 형태를 지니고 있었는데, 규모가 크면서도 질서 정연하였고 기능에 따라 지역이 명확하게 나뉘어져 있었다. 대도는 원나라 최대의 상업 중심지로 성 안에는 각종 시장이 30여 곳이나 있었고, 종합적인 상업 중심지도 있었으며, 업종별 전문 거리도 있었다. 명·청 시기의 북경성北京城은 바로 원나라 대도의 기초 위에 개축되고 확장된 것이다. 원나라 대도 시기의 많은 건축물들은 지금까지도 보존되어 있다.

명신
문천상 文天祥

문천상은 중국에서 역사적으로 유명한 명신으로 강서江西 사람이다. 그는 어려서부터 충신들의 전기를 즐겨 읽었고, 그들처럼 나라에 충성하겠다는 뜻을 세웠다고 한다. 그는 젊어서 장원狀元으로 과거에 합격하기도 하였다.

쿠빌라이는 원元 나라를 세운 후 남송南宋을 공격하기 시작하였고, 곧바로 남하하여 임안臨安(남송의 수도로 지금의 항주杭州)까지 압박해 들어왔다. 이때 남송 정부는 황급히 각지에 구원을 요청하였다. 이에 응하여 문천상이 강서 지방에서 수만 명의 의병을 조직하여 임안으로 갈 준비를 하자 한 친구가 다음과 같이 충고하였다. "이런 임시로 불러 모은 병사들로 원나라 군대에 대항한다는 것은 양떼를 몰고 가 호랑이와 싸우는 것과 마찬가지라네. 아무래도 가지 않는 게 좋겠어!" 그러자 문천상은 다음과 같이 대답을 하였다. "나라가 위기에 빠졌는데도 아무도 힘을 보태지 않는다면 정말 가슴 아픈 일이 아닌가? 나는 내 힘이 모자란다는 것을 잘 알고 있지만 그래도 나라를 위해 희생하려 한다네."

남송 조정은 위급한 상황에서 문천상을 우승상右丞相에 임명하여 원나라 군대에 가 담판을 짓게 하였다. 문천상은 원나라 군에 억류되어 대도大都로 끌려가던 중 기회를 틈타 도망을 쳤다.

문천상은 복주福州, 광동廣東으로 도망가 다시 힘을 모아 원나라 군대에 대항하였다. 그러다 결국 힘이 부족해 또 다시 원나라 군대에 잡혀 대도로 압송되어 갔다.

문천상은 대도에서 3년 넘게 잡혀 있으면서도 투항하지 않았다.

마지막에 원 세조가 그에게 직접 다음과 같이 권하였다고 한다. "당신의 충성심은 나도 잘 알고 있소. 지금 만약 생각을 바꾸어 원나라의 신하가 되어 준다면 내가 이전처럼 당신을 승상으로 임명해 주겠소." 그러자 문천상은 다음과 같이 대답하였다고 한다. "송나라가 이미 망했으니 나는 단지 죽기만을 바랄 뿐 다른 것은 아무것도 바라는 것이 없소." 그래서 1283년 그는 47세의 나이로 세상을 떠나고 만다.

문천상은 감옥에서 「정기가正氣歌」를 지어 중국 민족에게 꺼지지 않는 호연지기를 보여주었다.

正气歌

天地有正气　　杂然赋流形
下则为河岳　　上则为日星
于人曰浩然　　沛乎塞苍冥
皇路当清夷　　含和吐明庭
时穷节乃见　　一一垂丹青
在齐太史简　　在晋董狐笔
在秦张良椎　　在汉苏武节
为严将军头　　为嵇侍中血
为张睢阳齿　　为颜常山舌
或为辽东帽　　清操厉冰雪
或为出师表　　鬼神泣壮烈
或为渡江楫　　慷慨吞胡羯
或为击贼笏　　逆竖头破裂
是气所磅礴　　凛烈万古存
当其贯日月　　生死安足论
地维赖以立　　天柱赖以尊
三纲实系命　　道义为之根
嗟余遘阳九　　隶也实不力
楚囚缨其冠　　传车送穷北
鼎镬甘如饴　　求之不可得
阴房阒鬼火　　春院闷天黑
牛骥同一皁　　鸡栖凤凰食
一朝蒙雾露　　分作沟中瘠
如此再寒暑　　百沴自辟易
哀哉沮洳场　　为我安乐国
岂有他缪巧　　阴阳不能贼
顾此耿耿在　　仰视浮云白
悠悠我心忧　　苍天曷有极
哲人日已远　　典刑在夙昔
风檐展书读　　古道照颜色

마르코 폴로의 중국 방문

▲ 마르코 폴로 상
마르코 폴로는 원 세조 때 중국을 방문해 17년 동안 머물다 돌아가 중국을 서양에 알렸다.

원元 나라는 아시아, 아프리카, 유럽의 여러 나라들과 활발한 교류를 하였다. 당시 중국에 왔던 외국인 중 가장 유명한 사람은 이탈리아 베니스 출신의 마르코 폴로이다. 그는 원 세조 쿠빌라이 시대에 중국에 왔다.

1271년 여름, 마르코 폴로의 아버지와 숙부는 그를 데리고 고향을 떠나 4년 동안의 고된 여정 끝에 중국에 도착하였다.

마르코 폴로는 총명하여 중국에 온 뒤 몽고어, 말타기, 활쏘기 등을 금방 배웠다. 쿠빌라이는 그를 좋아하여 항상 그를 보내 시찰을 하도록 하였다. 후에 마르코 폴로는 그의 책에 중국의 서북西北, 화북華北, 서남西南, 중남中南, 화동華東 지역 등 수많은 지역에 대해 묘사하였다. 묘사한 지역 중 대부분은 그가 직접 다녀온 곳이고 또 몇몇 곳은 전해들은 것이라고 한다. 그는 또 양주揚州에서 머물면서 3년 동안 총관總官 벼슬도 하였다고 한다.

중국에 있는 시간이 오래되면서 이들 세 명의 유럽인들은 향수병에 걸려 고국으로 돌아갈 수 있게 해달라고 요청하였다. 허락을 받은 후 그들은 다시 험난했던 길을 되밟아 중국에서 출발한 지 4년만인 1295년에 베니스에 도착하였다.

그들이 고향을 떠난 지 이미 24년, 고향 사람들은 모두 그들이 외국에서 죽은 줄로 알고 있었다. 그런데 그들이 동방의 복장을 하고 나타난 것이었다. 사람들은 무수히 많은 황금과 보석을 가지고 왔다고 해서 마르코 폴로에게 '백만百萬'이라는 별명을 지어 주었다고 한다.

　얼마 안 있어 베니스와 또 다른 도시 국가인 제노바가 전투를 벌이기 시작했다. 마르코 폴로는 자신의 돈으로 배 한 척을 사서 직접 그 배를 몰고 베니스의 해군 부대에 합류하였다. 그러나 베니스는 끝내 지고, 그는 포로로 잡혀 감옥에 갇히는 신세가 되었다. 제노바 사람들은 그가 동방에 갔었다는 이야기를 듣고 감옥으로 그를 찾아와 동방과 중국에 대한 견문을 넓히곤 하였다. 그 중에는 작가도 한 명 있었다. 그는 마르코 폴로가 이야기한 것을 모두 기록하여 한 권의 책으로 만들었는데 그것이 바로 『동방견문록』이다.

　이 여행기에서 마르코 폴로는 대도大都, 소주蘇州, 양주揚州, 항주杭州 등 중국의 유명한 도시를 상세하게 소개하고 있다. 이 책은 유럽 사람들의 열렬한 환영을 받았고, 동방 문명에 대한 관심을 불러 일으켰다.

　15세기 이후 유럽의 항해가 및 모험가들은 모두 마르코 폴로의 영향을 받아 황금이 깔려 있는 동방의 국가를 찾으려 하였다.

미니상식 ㊿ 마르코 폴로의 중국 방문 배경

1260년 마르코 폴로의 아버지와 숙부는 상업적인 목적으로 처음 중국에 와 쿠빌라이를 만나게 되었다. 쿠빌라이는 그들을 통해 서방 각국과 로마의 상황을 이해할 수 있었고, 그들에게 로마로 파견되는 사신 역할을 맡겼다. 그들은 이 임무를 완성한 후 마르코 폴로를 데리고 다시 원나라로 온 것이었다.

중국의 4대 발명품

제지술

서한西漢 때 이미 식물섬유로 만든 종이가 출현하였다. 그러나 재질이 좋지 않아 글씨를 쓰기에 불편하였다. 동한東漢 때의 환관 채륜蔡倫은 종이 만드는 방법을 개선하여 나무껍질, 삼, 낡은 베, 낡은 그물을 원료로 하여 싸고 아름다우며 글씨 쓰기에도 편리한 종이를 만들어냈다. 이로 인한 종이의 보급은 서예의 발전에도 지대한 영향을 끼쳤다. 제지술은 점점 발전되어 3~4세기에 이르러서는 글을 쓰는 데 종이가 죽간竹簡(대나무 조각)과 비단의 자리를 대신하게 된다.

▼ 채륜蔡倫의 묘
제지술을 개선한 그의 묘는 섬서陝西 양현羊縣 용정진龍亭鎭에 있다.

▼ 거연금지居延金紙
1973년 감숙甘肅 금탑金塔에서 출토되었다.

▼ 파교지 灞橋紙
1957년 서안西安 파교 灞橋에서 출토되어 파교지라 불린다.

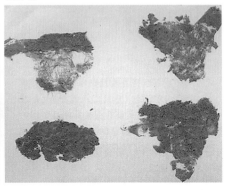

◀ **누현법지남침**縷懸法指南針
북송北宋 중기 인공 자석을 사용해 만든 침 형태의 지남침이다. 명주실을 자석침에 연결한 뒤 이를 나무틀 가운데 매달아 놓는다. 그리고 그 아래 방위판을 놓는다. 공기 저항이 적기 때문에 자석침은 매우 예민하게 움직이게 된다.

▲ **사남**
세계 최초의 자석 지남침이다. 일찍이 전국 시기에 사용되었다. 사남은 천연 자석을 국자 형태로 만든 뒤 반지르르한 청동 사각판 위에 놓으면 국자 손잡이를 돌리면 정지할 때 국자 손잡이가 남쪽을 가리키게 된다.

▲ **수부지남침**
북송 시기 사용되던 지남침이다. 자성을 가진 바늘을 아주 가벼운 풀 양쪽에 꿰어 놓고 물이 가득 담긴 도자기 그릇 위에 놓으면 물 위에 떠서 바늘 끝이 남쪽을 가리킨다. 흔들려도 영향을 받지 않았기에 항해하는 배에서 많이 사용하였다.

지남침

전국戰國 시기 사람들은 천연 자석을 갈아서 '사남司南'을 만들었다. 이것이 세계 최초의 지남침으로 지금으로부터 2,000년 전의 일이다.

사남은 자성이 약해 남쪽을 가리키는 기능이 떨어졌다.

송대宋代에 이르러 인조 자석이 발명되었다. 인조 자석은 천연 자석보다 자성이 더 안정적이었다. 인조 자석을 사용함에 따라 지남침의 성능 역시 대폭으로 개량되었고 지남어指南魚, 지남귀指南龜, 수부지남침水浮指南針 등 다양한 형태의 지남침이 출현하게 되었다.

남송南宋 시기에는 해외 무역이 무척 활발하게 이루어졌다. 항해상의 어려움을 극복하기 위해 북송北宋 말년에 항해에 이미 지남침을 응용하였다. 남송 때에는 도수度數와 방위각을 새겨 놓은 원반 위의 나침반에 지남침을 장치해 놓기도 하였다. 이러한 지남침 덕분에 바다에서 항해하는 사람들은 해가 없는 낮이나 달이 없는 밤에도 방향을 찾아낼 수 있었다.

▲ 북송의 활자판
길이 43㎝, 너비 37㎝. 활자 배판을 사용한 것은 인쇄 역사에 있어 획기적인 발전이었다.

▼ 필승畢昇의 동상
활자 인쇄의 창시자이다.

인쇄술

인류 문명의 발전에 있어 인쇄술의 역할은 무척 중요하다. 수隋 나라 때 조판雕版 인쇄가 발명된다. 그러나 조판 인쇄는 시간과 돈이 많이 들었다.

필승畢昇은 북송 시기의 능력 있는 인쇄공이었다. 그는 조판 인쇄의 단점을 잘 알고 있었기에 경제적이면서도 시간도 절약할 수 있는 인쇄 방법에 대해 고민하다 활자 인쇄를 발명하였다.

필승이 발명한 것은 진흙으로 만든 활자였다. 우선 점토로 만든 하나하나의 작은 네모에 글자를 거꾸로 새겨 넣는다. 그렇게 만든 글자들을 가마에 넣어 도자기로 구워낸다. 배판을 할 때는 철판에다 송진과 밀랍, 종이를 태운 재를 혼합한 가루를 한층 깔고 구운 활자를 하나하나 테가 둘러쳐 있는 철판 위에 올려놓고 그 후 철판을 불 위에 올려놓아 달군다. 분말이 녹으면 납작한 판으로 글자를 눌러 평평하게 만들면 된다. 달구어졌던 철판의 온도가 내려가면서 활자는 고정되고, 그 뒤 인쇄를 하면 되는 것이다. 만약 오자가 발견되면, 언제든지 글자를 바꿀 수 있고, 한 번 인쇄를 한 후 활자를 치워버리면 철판은 다시 사용할 수 있다.

필승은 인쇄술의 개선에 기초를 닦아놓았다. 그 후 서하西夏 시기에는 나무활자가 있었고, 명대에는 동활자 및 지금까지 사용되고 있는 납활자가 출현하였다.

▼ 원대 전륜배자반轉輪排字盤
이 배자반을 사용하는 사람은 움직일 필요 없이 배자반을 돌리기만 하면서 글자를 검사할 수 있었다.

미니상식 **(51)** **인쇄술과 지남침의 영향력**

인쇄술은 먼저 조선과 일본으로 전해졌다. 그 뒤 중앙아시아를 거쳐 이집트, 유럽에까지 전해졌다. 인쇄술은 '문명의 어머니'라고 칭해지고 있다. 인쇄술의 광범위한 전파는 전세계 서적의 대량 출판에 지대한 영향을 끼쳤다.

지남침은 해상 교통에 응용되어 항해용 나침반으로 개량되었다. 후에 나침반은 아랍 사람들에 의해 유럽으로 전해져 항해 활동을 촉진시키는 역할을 하였고, 그 결과 유럽 사람들은 신항로를 개척하고, 신대륙을 발견하게 되었다.

화약과 화기火器

중국 고대에는 전문적으로 연단煉丹을 하는 사람들이 있었다. 그들 중에는 유황, 초석, 목탄을 다같이 넣고 연단을 하다 폭발을 일으키는 사람도 있었다. 사람들은 이 3종의 물질을 혼합한 것을 화약이라고 불렀다. 당나라 중기의 서적에는 화약을 제조하는 방법이 기록되어 있다. 당나라 말기에 오면 화약이 군사적으로 쓰이기 시작한다.

송대에는 화약이 광범위하게 사용되었다. 사냥, 채석, 폭죽 및 불꽃놀이에만 사용된 것이 아니라 군사적인 목적으로 더 많이 사용되었다. 화기의 제조 기술 또한 새로운 국면으로 접어들었다. 북송에서 제작되었던 화약 무기는 주로 화전火箭, 벽력화구霹靂火球, 질려화구蒺藜火球 등 연소성과 폭발성이 있는 것들이었다. 남송에 오면 관상管狀 화기가 등장하게 된다. 관상 화기란 화약을 죽통 안에 넣고 불을 붙여 발사하는 것이다. 송나라 군대는 몽고군과 전쟁을 할 때 관상 돌화창突火槍을 발명하여 사용한 적도 있다. 돌화창은 화약을 죽통 안에 넣은 뒤 자과子窠를 장전하는 방식이었다. 자과는 지금의 탄알과 성질이 비슷하였는데, 돌과 철조각을 사용해 만든 것이었다. 이것은 세계 최초의 원시적인 보병총이었다. 이 총의 출현은 화기 제조의 역사에 한 획을 긋는 것이었다.

▲ 유황, 초석, 목탄
이 3가지 물질을 혼합한 것을 화약이라 불렀다.

▶ 화총 火銃
원나라 때의 것으로 최초의 화총의 실물이다. 화약의 발명 후 바로 화기를 제조하지 못하다가 남송 때에 와서야 통모양의 화기를 제조해 낼 수 있었다. 대나무통을 이용하여 안에는 화약과 철가루를 집어넣은 후 발사하면 되는 것이다. 나중에는 탄환이 철가루를 대신하였고, 금속이 대나무통을 대신하게 되었다.

◀ 연단술을 묘사한 그림
화약의 발명과 연단술은 밀접한 관계를 맺고 있다. 고대의 연단술은 장생불사를 위한 것이었다. 유황, 초석, 목탄 등을 사용하다 보면 연단의 과정 중 폭발사고가 발생하곤 하였다. 사람들은 여기에서 착안하여 화약을 발명하였다.

▲ 질려화구
철로 된 마름새를 알맹이로 하고 밖을
화약으로 싼 뒤 전체에 거꾸로 박힌
못을 꽂는다. 목표를 향해 던지면 적
은 불에 타 죽게 된다.

▲ 명절용 폭죽
화약의 발명 후 중국인들은 무기를 제
조했을 뿐 아니라 명절용의 폭죽도 만
들었다.

▲ 일와봉 一窩蜂
수십 개의 화살을 큰 죽통 하나에 넣
고 불을 붙이면 수십 개의 화살이 벌
떼처럼 날아간다고 해서 벌집 안의 벌
이라는 의미의 '일와봉'이란 이름이
붙었다.

▲ 진천뢰 震天雷
비상하는 날개가 있어 점화 후 조준한
방향으로 날아간다. 높은 곳을 공격하
는 데 유용한 무기이다.

▲ 돌화창
화약을 죽통 안에 넣은 뒤 자과를 장
전하는 방식의 남송 화약 무기이다.

▲ 벽력화구
점화 후 적을 향해 던지면 벼락이 치
는 듯한 큰 소리가 난다고 해서 붙은
이름이다. 북송 시기의 것이다.

▲ 화전
북송에서 제작되었던 화약 무기이다.

미니상식 ⑤② **'화약'이라는 이름의 유래**

화약을 제조하는 주원료인 유황과 초석은 고대 중국에서는 귀중한 약재였다. 그러나 유황과 초석, 그리고 목
탄을 갈아 부드러운 분말로 만들어 그릇 속에 넣고 불로 달구면 큰 불이 발생할 수 있었다. 그래서 사람들은
이렇게 쉽게 불이 붙는 약을 '화약火藥'이라고 이름 붙인 것이다.

「청명상하도 清明上河圖」

송대宋代에는 회화에 있어 인물화, 산수화, 화조화花鳥畵 외에 도시 생활을 그린 사회풍속화가 등장하였다. 북송北宋 말기와 남송南宋 초기를 살았던 장택단張擇端이 그린 「청명상하도」는 사회풍속화 중 가장 뛰어나고 유명한 작품이다. 「청명상하도」는 청명절을

▲「청명상하도」
송대 사회풍속화 중 가장 유명한 그림이다. 총 3부분으로 나뉘어져 있는데 그 중 '교외郊外'이다.

▼「청명상하도」
송대 사회풍속화 중 가장 유명한 그림이다. 총 3부분으로 나뉘어져 있는데 그 중 '홍교紅橋'이다.

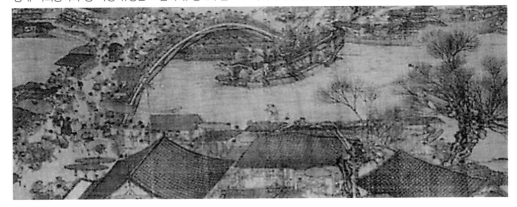

전후하여 북송의 수도 동경東京(지금의 하남河南 개봉開封 변하汴河 양안)의 모습을 그린 것이다.

「청명상하도」는 현재 북경北京 고궁박물원故宮博物院에 수장되어 있다. 이 두루마리는 크게 세 부분으로 나뉘어져 있는데, 첫 부분의 그림은 새벽빛을 받고 교외의 강가에서 천천히 무거운 짐을 지고 가고 있는 당나귀 무리들이다. 두 번째 부분은 동경의 번잡한 교통 상황을 묘사하고 있다. 그 중 특히 사람들의 시선을 끄는 부분은 '홍교虹橋(무지개다리)'이다. 홍교 위는 아주 번잡하여 인파가 꼬리에 꼬리를 물고 지나가고 있다. 세 번째 부분은 가경街景(거리 풍경)이다. 각양각색의 상점들에 없는 게 없고, 거리에는 사람들이 오고 가는 모습이 그려져 있다. 전체 그림은 폭이 25.5㎝이고, 길이는 525㎝에 달하며, 모두 800여 명의 사람과, 94마리의 짐승, 170여 그루의 나무가 그려져 있다. 「청명상하도」에는 채마밭 풍경, 강 위를 운행하는 배들, 거리의 장사하는 모습들, 거리를 따라 지어진 건축들, 뱃사람들의 긴장된 모습, 사대부들의 한가로움, 웅장한 홍교, 높다란 성루 및 마차, 가마, 낙타 등등이 모두 흡사 실물 같이 묘사되어 있다. 이 그림은 널리 사람들의 환영을 받았고 후대 많은 화가들도 이 그림을 모방하여 그렸다.

「청명상하도」는 북송 시기 동경의 면모를 반영하고 있다. 또 이 그림은 감상 가치가 높을 뿐 아니라 북송 시대 동경을 연구하는 데 있어 빠져서는 안 될 중요한 자료이기도 하다.

▼「청명상하도」
송대 사회풍속화 중 가장 유명한 그림이다. 총 3부분으로 나뉘어져 있는데 그 중 '가경街景(거리 풍경)'이다.

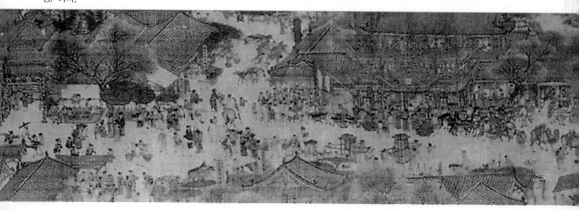

사마광司馬光과
『자치통감資治通鑑』

사마광(1019~1086)은 북송北宋의 정치가이면서 역사가이다. 그는 섬주陝州 하현夏縣(지금의 산서山西) 사람으로 관료 집안에서 태어나 재상까지 지냈다.

사마광 평생에 있어 가장 큰 업적으로는 그가 주관하여 편찬한 『자치통감』을 들 수 있다. 사마광은 국가를 다스리는 사람은 반드시 역사를 알아야 한다고 생각했다. 그는 2년의 시간을 걸려 전국戰國 시기에서 진秦 나라 말기까지의 사건을 기록한 『통지通志』라는 역사서를 썼다. 후에 그는 『통지』를 송宋 영종英宗에게 보여주었고, 이를 보고 만족한 송 영종은 그에게 이 책을 계속 편찬하게 하였다. 송 영종은 사마광으로 하여금 직접 이 작업에 참여할 사람들을 고르게 하였고, 궁전에 소장된 책들도 읽을 수 있게 해주었다. 사마광은 무척 기뻐하며 곧바로 당시 저명한 사학가들을 초빙해 함께 통사를 써내려가기 시작하였다. 그들은 수많은 자료를 수집하였는데, 그 중 많은 자료들이 이전의 역사서에는 찾아볼 수 없었던 진귀한 자료들이었다.

책을 편찬하기 위해 사마광은 혼신의 힘을 기울였다. 잠을 너무 많이 자 책의 편찬이 늦어지는 것을 막기 위해 그는 동그란 나무로 베개를 만들기까지 하였다. 이 베개를 베고 잠을 자면, 몸을 한 번 뒤척이기만 하여도 베개가 굴러 떨어져 바로 잠을 깰 수 있었다고 한다. 이 베개는 '경침警枕(잠을 경계하게 만드는 베개)'라고 불렸다.

사마광은 19년만에 역사적 대작인 이 책을 완성할 수 있었다. 송 영종에 이어 등극한 송宋 신종神宗은 매우 기뻐하며 이 책에 『자치통감』이란 이름을 내려주었다. 『자치통감』은 편년체編年體 통사通史로

▲ 사마광司馬光 상
사마광은 『자치통감』을 편찬하여 후대 사람에게 사마천司馬遷 이후 또 한 명의 위대한 역사가가 등장하였다는 칭찬을 받았다.

기원전 403년부터 서기 959년까지 1362년간의 역사가 기록되어 있다. 이 책은 모두 294권, 300여만 자의 분량으로, 문장이 부드럽고 근거 자료 역시 상세하고 믿을 만하여 후대 편년체 역사서의 본보기가 된 중국 고대의 고귀한 문화유산이다.

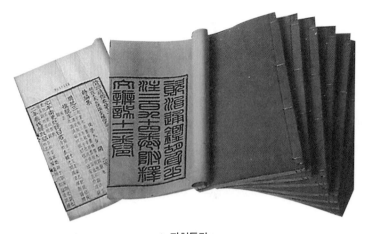

▲ 자치통감
북송의 정치가 사마광이 편찬한 이 역사서는 후대 편년체 역사서의 본보기가 되고 있다.

미니상식 ⑤ 항아리를 깬 사마광

전설에 다음과 같은 이야기가 있다. 일곱 살의 사마광이 친구들과 정원에서 놀고 있었을 때 정원에는 큰 물항아리가 하나 있었는데, 어떤 아이 하나가 그 위에 올라가 놀다 잘못하여 물항아리에 빠져 버렸다. 항아리가 너무 커 그 아이가 빠져 죽게 되었는데도 다른 아이들은 손을 쓰지 못하고 울면서 소리치며 밖으로 뛰어나갈 뿐이었다. 사마광은 당황하지 않고 큰 돌을 들어 힘껏 물항아리를 향해 내리쳤고, 항아리가 깨지면서 그 아이는 살아날 수 있었다고 한다.

송사 宋詞와 원곡 元曲

송宋 나라 때 문학에 있어 중요한 성과로는 사詞를 들 수 있다. 사란 일종의 새로운 형식의 시가로, 당唐 나라 때에 처음 출현하였다. 처음에는 민간에서 유행하였는데 길고 짧은 구절들로 되어 있어 노래하기에 편리하였다. 오대五代와 북송北宋, 남송南宋을 거치면서 사는 많은 발전을 하게 된다. 송나라 때는 소식蘇軾, 이청조李淸照, 신기질辛棄疾, 유영柳永, 주방언周邦彦, 강기姜夔 같은 우수한 사인들이 출현하였고, 이들의 작품은 송사에 있어 최고 경지를 보여 주고 있다.

소식(1037~1101)의 호는 동파거사東坡居士이고, 사천四川 사람이다. 그는 저명한 문학가이며, 예술 방면에 있어 다양한 재능과 조예를 지니고 있었다. 그의 사는 호방하였고, 웅장한 경치 묘사가 일품이었다. 그는 사에 생명력을 불어넣어 주었고, 사의 발전에 뛰어난 공헌을

▲ 소식蘇軾 상
송나라 문학 '사' 의 대표작가로 우리에게는 '소동파'로 더 잘 알려져 있다.

▼ 소동파 기념관
소식의 호를 따서 이름을 붙인 이 기념관은 항주杭州에 위치한다.

▲「소동파제선도 蘇東坡題扇圖」
소동파가 부채에 글을 써주는 모습을 그린 그림이다. 소동파의 작품은 널리 퍼져 당시 사대부들은 소동파의 시를 읽고 읊조리는 것을 운치 있는 것으로 여겼다. 이 그림은 주신周臣이 그린 『인물고사도책人物故事圖冊』에 수록되어 있다.

했다. 그의 시 중 "장강은 굽이굽이 동으로 흘러, 천고의 영웅호걸 다 실어가 버렸다네大江東去, 浪淘盡, 千古風流人物—「念奴嬌·赤壁懷古」", "다만 사람들이 오래 살아, 천 리 떨어져서도 함께 달을 감상할 수 있었으면 하고 바랄 뿐但願人長久, 千里共嬋娟—「水調歌頭·明月幾時有」" 같은 구절들은 대대로 암송되는 명구절이다.

이청조는 북송 말기 남송 초기의 제남濟南 출신의 걸출한 여자 사인이다. 그녀의 인생 전반기는 행복했던 결혼 생활로 인해 사가 정교하고 아름다웠다. "발 걷어 올리니 서풍이 불어오네, 사람이 국화꽃보다 여위었구나簾卷西風, 人比黃花瘦—「醉花陰·薄霧濃雲愁永晝」", "눈썹 내리니 어느새 그리움 다시 솟누나才下眉頭, 却上心頭—「一剪梅·無言獨上西樓」" 등의 사를 보면 당시 한가롭고 유유자적한 부녀자가 외지에 나가 있는 남편을 그리워하는 상황을 잘 묘사해내고 있다. 앞의 구절에서는 남편 생각으로 몸이 말라간다고 하고 있고, 뒤의 구절에서는 남편 생각에 그리워 마음이 아프다고 하고 있다. 그러나 인생 후반기에 들어서면 남편이 병으로 죽고, 나라가 망해감에 따라

▼ 원대의 희곡 연출을 묘사한 벽화
산서山西 홍동洪洞 광승사廣勝寺 명응왕전明應王殿에 있다.

146

그녀의 사 역시 슬픔과 비분에 찬 내용으로 변하게 된다. "더듬더듬 뒤적뒤적, 썰렁썰렁 섬뜩섬뜩, 처량하고 비참하고 애처로워요尋尋覓覓, 冷冷淸淸, 凄凄慘慘戚戚－「聲聲慢」"와 같은 비애에 찬 내용에서 죽을 때까지 벗어나지 못하게 된다.

원元 나라 문학의 대표 장르는 원곡元曲이다. 원곡은 산곡散曲과 잡극雜劇으로 나뉘게 된다. 산곡은 민간 가사의 기초 위에 소수민족의 음악을 흡수하여 형성된 길고 짧음이 일정하지 않은 새로운 형식의 시가이다. 마치원馬致遠, 관한경關漢卿, 백박白樸, 장가구張可久, 관운석貫雲石(위구르족), 장양호張養浩 등이 원곡의 대표작가라 할 수 있다. 마치원의 작품으로 집을 나와 처량함을 노래한 "오래된 등나무 넝쿨, 나이 먹은 나무, 그리고 저녁 까마귀, 조그만 다리 아래로 흐르는 물가의 집枯藤老樹昏鴉, 小橋流水人家－「天淨沙・秋思」"과, 장양호의 작품으로 일반 서민들의 힘든 생활을 그린 "(나라가) 흥했다고? 백성들이 힘들지! 망했다고? 그래도 백성들은 힘들지!興, 百姓苦! 忙, 百姓苦!－「山坡羊・潼關懷古」" 등이 있다. 모두 사람들의 사랑을 받고 있는 훌륭한 구절이다.

원나라 때에는 희곡이 전에 없이 발달하였다. 그 중에서도 잡극은 음악, 춤, 동작, 대화 등을 결합시킨 종합 예술이다. 지금까지 남아있는 잡극 목록만 하더라도 200여 종이나 된다. 관한경의 「두아원竇娥冤」, 마치원의 「한궁추漢宮秋」, 정광조鄭光祖의 「천녀이혼倩女離魂」, 백박의 「오동우梧桐雨」, 왕실보王實甫의 「서상기西廂記」 등은 모두

▲ 「두아원」
원곡의 작가 관한경의 대표작으로 주인공 두아의 반항 정신은 당시 사회에서는 보기 힘든 것이었다.

▲ 잡극의 주인공 모습을 한 도자기 인형
원나라 때 잡극이 널리 유행하였음을 보여주고 있다.

두아竇娥는 과부로 시어머니인 채파蔡婆와 함께 생활을 한다. 악당 장려아張驢兒는 두아에게 반해 두아의 시어머니 채파를 독살하려다 도리어 자기 아버지를 죽이게 된다. 재판을 맡은 관리는 장려아의 뇌물을 받고 두아가 살인을 했다고 하며 사형 판결을 내린다. 형장에서 두아는 이처럼 불합리한 사회를 강렬하게 비난한다. 그리고 만약 그녀가 죽으면 6개월 안에 눈이 내릴 것이고, 그녀를 죽일 때 흘린 피 자국이 형장에 있는 하얀 베 위에 뿌려질 것이며, 그녀가 죽은 지역에 3년 동안 가뭄이 들 것이라는 세 가지 저주를 퍼붓는다. 두아가 사형을 당한 후 그녀의 말대로 두 가지 저주는 바로 이루어졌다. 3년 후 그녀의 아버지가 관리가 되어 오자, 그녀의 원혼은 아버지에게 눈물을 흘리며 억울한 사정을 호소하고, 결국 범인을 잡아 처형한다. 두아의 반항 정신은 당시 사회에서는 보기 힘든 것이었다.

경전의 반열에 오른 잡극 작품들이다.

관한경은 대도大都 사람으로 원 잡극의 대가이다. 그는 평생 희곡 창작 활동을 하였고, 장기간 배우들과 함께 생활하였으며, 어떤 때는 직접 연출을 맡기도 하였다. 그는 60여 종의 잡극을 써냈는데, 지금 남아있는 작품은 18종이다. 관한경은 작품에서 사회의 어두운 면을 폭로하였기에 위협을 받기도 하였으나 조금도 흔들리지 않았다고 한다. 그는 한 작품에서 자신을 다음과 같이 묘사하고 있다. "쪄도 문드러지지 않고, 삶아도 익지 않으며, 망치로 내려쳐도 납작해지지 않고, 볶아도 볶아지지 않는, 톡톡 튀는 동 완두콩 한 알蒸不爛, 煮不熟, 搥不扁, 炒不爆, 響當當一粒銅豌豆"

▲▲「서상기」 삽화
「서상기」는 「두아원」에 비해 약간 늦게 탄생한 가벼운 애정 희극이다. 이 그림들은 2가지의 「서상기」 판본에 수록되어 있는 삽화이다.

미니상식 (55) 원곡 4대가

사람들은 관한경, 마치원, 정광조, 백박을 원곡 4대가라고 부르며 존경하고 있다.

통일된 다민족국가의 발전과 봉건사회의 흥망성쇠

개요

　14~19세기는 중국의 봉건사회가 쇠락하는 명明·청淸 시기이다. 명나라는 주원장朱元璋이 1368년 남경南京에서 건립하여 1644년 숭정황제崇禎皇帝가 북경北京의 매산煤山에서 목 매달아 죽을 때까지 280여 년 간 지속되었다. 1644년 청나라의 순치황제順治皇帝가 북경으로 들어와서 1840년 아편전쟁이 발발할 때까지 청나라의 전기의 통치는 190여 년 간 지속되었다. 명나라 때, 통일된 다민족국가는 한층 더 발전하였다. 명나라 전기에는 경제가 발전하였고, 사회는 번영하였으며, 정화鄭和는 여러 차례 서양에 사신으로 나가 중국과의 교류를 촉진시켰다. 청나라의 강희康熙, 옹정雍正, 건륭乾隆 시기에는 사회가 번영하였다. 명·청 시기 중국인들은 물질적인 부와 정신적인 부를 누렸으며 수많은 정치가, 사상가, 군사전략가, 탐험가, 과학자들이 출현하게 되었고, 그들은 중국 역사에 찬란한 한 페이지를 장식하였다.

　이 시기 세계 역사는 빠르게 변화하고 있었다. 동양과 서양의 경제 및 문화 교류가 나날이 증가하였고, 동서를 이어주는 새로운 항로가 연이어 개척되었다. 14~15세기에는 유럽 지중해 연안의 도시에서 자본주의의 맹아가 출현하였다. 17~18세기에는 영국, 미국, 프랑스 세 나라에서 자본가 계급 혁명이 일어나 세계 역사는 새로운 단계로 돌입하게 된다. 서방 선진국들은 이미 공업 혁명의 성숙한 단계에 진입하였고, 자본주의의 발전은 빠르게 진행되었다. 상대적으로 중국은 그처럼 빠른 변화가 일어나지 않았다. 비록 중국도 명나라 중·후기에 자본주의의 맹아가 생겨나기는 하였으나 봉건제도의 속박으로 생산력 향상에는 한계가 있었고, 상품 경제의 발전 역시 어려웠다. 중국 사회의 발전이 상대적으로 퇴보하면서 서방 식민주의 세력이 중국으로 몰려들어왔다. 중국의 봉건 통치자들은 점점 외부와의 교류를 끊고 쇄국 정책을 시행하여 서방과의 격차는 더욱 벌어질 수밖에 없었다.

명明
개국 황제
주원장 朱元璋

원元 나라 말기에 이르자 통치자들이 무능해져 사회 경제 발전이 더뎌지거나 후퇴하기까지 하였다. 게다가 황하黃河의 물도 여러 차례 넘치는 등 해마다 일어나는 자연 재해로 인해 농민들은 도저히 살 방도를 찾을 수가 없었다. 이에 14세기 중엽 대규모의 농민 봉기가 일어나게 된다.

주원장(1328~1398)은 원나라 말기 농민 봉기군의 우두머리 중의 하나였다. 그는 호주濠州(지금의 안휘安徽 봉양鳳陽)의 가난한 농민의 아들로 태어났다. 1352년 곽자흥郭子興이 이끄는 농민 봉기군이 호주에서 봉기를 하였다. 주원장은 이 부대에 참가하였고, 용맹하고 슬기로워 단기간에 곽자흥의 신임을 받았다. 곽자흥이 죽은 후 주원장은 그 부대의 우두머리가 되었다. 1356년 3월 주원장은 직접 대군을 이끌고 집경集慶(지금의 남경南京)을 공격하여 점령한 뒤 '응천부應天府'라고 이름을 바꾸었다. 그는 참모들의 건의를 받아들여 응천에서 재능 있는 많은 사람들을 불러 모았다. 동시에 주원장은 응천을 중심으로 하여 부근의 원나라 군대를 하나하나 소멸해 나갔다. 이때 다른 봉기군들 역시 각 지역에 자리를 잡고 왕을 칭하고 있었다. 1364년 주원장은 그의 가장 강력한 적수였던 진우량陳友諒의 부대를 무너뜨렸고, 그 후 다른 농민 봉기군들도 모두 그의 부대에게 패해 사라져 버렸다. 1368년 주원장은 응천에서 황제를 칭하고, 국호를 명明이라고 정하였으니 그가 바로 명明 태조太祖이다. 그는 같은 해 가을 원나라 대도大都를 함락시키고 그 후 20년에 가까운 세월 동안 지방에 할거한 세력들을 소탕하여 드디어 통일의 대업을 이룰 수 있었다.

▲ **주원장朱元璋 상**
원나라 말기 혼란한 정국을 틈타 명나라를 개국한 황제이다. 통일의 대업을 이룬 후 그는 중앙집권을 강화하였다.

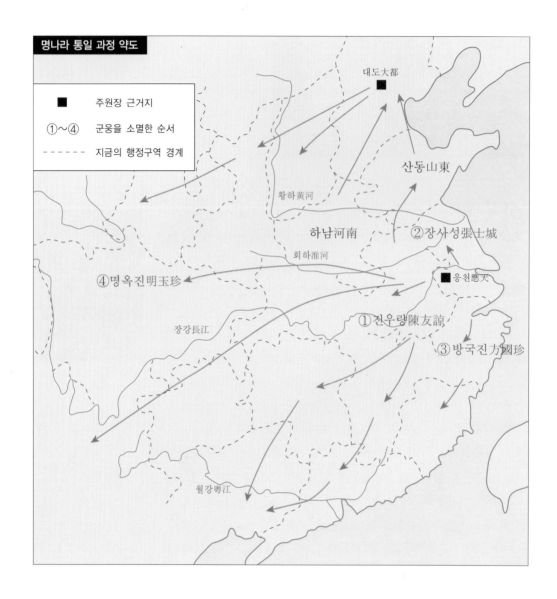

명나라 통일 과정 약도

■	주원장 근거지
①~④	군웅을 소멸한 순서
- - - - - -	지금의 행정구역 경계

대도大都

산동山東

황하黃河

하남河南

②장사성張士城

회하淮河

④명옥진明玉珍

■응천應天

장강長江

①진우량陳友諒

③방국진方國珍

월강粵江

명 성조 주체朱棣는 명나라의 세 번째 황제이다. 명 태조 주원장이 60여 세가 되었을 때 태자 주표朱標가 죽고 말았다. 이에 주표의 맏아들인 주윤문朱允炆이 황태손이 되었다. 주원장이 죽은 후 주윤문이 즉위를 하였고, 주원장의 넷째 아들인 연왕燕王 주체는 황제의 자리가 조카에게 돌아간 것을 받아들일 수 없었다. 1399년 주체는 황제 주위에 있는 간신들을 처벌한다는 것을 명분으로 북평北平에서 군사를 일으켜 남하하였다. 1402년 그는 수도인 남경을 함락하고 제위를 빼앗았다. 주윤문은 이런 난리 중에 어디로 사라졌는지 알 수 없었고, 정권을 잡은 주체는 황제가 된 후 수도를 북평으로 옮기고 이름을 북경北京이라 바꾸었다.

▲ 명明 효릉孝陵
주원장과 마황후의 묘. 그 규
모로 중국에서 손꼽히는 황
제의 릉이다.

　주원장은 작은 새가 둥지를 막 나섰을 때는 깃털 하나도 뽑으면 안
되는 것과 마찬가지로 지금 막 안정 상태에 들어간 나라는 조심스럽
게 잘 관리하여야 한다고 생각했다. 그는 농업 생산을 중시하여 전쟁
중 집을 떠난 농민들에게 집으로 돌아가 경작지를 개간하고 씨를 뿌
리라고 명령하였다. 주원장은 면, 뽕나무, 마 등 경제 작물을 심으라고
권장하였고, 농민들에게 3년 동안 부세를 면해주기도 하였다. 이러한
조치로 인해 1393년에는 경작이 가능한 토지가 원나라 때의 네 배로
늘어나게 된다. 그는 또 수공예업에 종사하는 사람들의 자유로운 신
분을 다시 회복해 주기도 하였다. 그는 수리사업을 중시해 나라를 세
운 후 많은 수리사업을 시행하기도 하였다. 이러한 조치들은 전국의
사회, 경제, 문화의 발전에 지대한 영향을 끼쳤다. 명 태조는 승상 직
을 없애고, 중앙에 육부六部를 설치하여 육부가 직접 황제에게 봉사
하도록 만드는 등 중앙집권을 강화하였다. 그는 탐관오리를 엄격하게
처벌하였으며 법률도 새로 다듬었다. 위와 같은 조치들은 이후 명나
라 통치에 주춧돌 노릇을 하였다.

미니상식 57　명 효릉

남경南京 동쪽 교외에 위치하고 있다. 주원장과 마황후馬皇后의 묘로 1381년 짓기 시작하여 1383년에 완공
되었다. 1382년 마황후는 여기에 안장되었다. 마황후는 죽은 후 '효자孝慈'로 봉해졌기에 릉 이름을 효릉이
라고 한 것이다. 1398년 죽은 주원장 역시 이곳에 안장되었다. 명 효릉은 하마방下馬坊, 대금문大金門, 비정
碑亭, 방성方城, 보성寶城 등으로 구성되어 있는데, 그 규모가 중국에서 손꼽히는 정도이다.

정화鄭和의 대항해

▲ 정화鄭和 상
명나라 때 여러 차례 동남아와 인도양 일대로 대항해를 나섰다.

▲ 자바에 있는 삼보공사
三寶公祠
인도네시아 자바에 있으며 정화를 기념하기 위해 지은 것이다.

초기 명明 나라는 세계에서 가장 선진적이고 발달한 국가 중의 하나였다. 국가의 위신을 높이고, 세계 여러 나라와의 관계를 강화하기 위해 명明 성조成祖 주체朱棣 는 여러 차례 정화를 서양西洋으로 파견하였다. 여기서의 서양이란 브루나이 서쪽의 동남아와 인도양 일대를 의미한다.

정화(1371~1435)는 운남雲南 회족回族 사람으로 아명이 삼보三保였고, 삼보태감三寶太監으로도 불렸다. 1405년 6월 정화는 황제의 명을 받들어 첫 번째 항해에 나선다. 그는 뱃사람, 병사, 기술공 등을 포함한 2만여 명의 사람들과 방대한 양의 금, 비단 등의 물건을 실은 200여 척의 배를 이끌고 강소江蘇 태창太倉 유가항劉家港을 출발하였다. 우선 참파(지금의 베트남 중남부)에 도착한 후 계속하여 자바, 방글라데시 등을 거쳐 홍해紅海 연안에 이르렀다. 후에 실론, 고리(지금의 인도 캘커타)에서 귀국하였는데, 2년 넘게 걸려 1407년 가을 남경南京에 도착하였다. 정화의 선단에는 금은보화, 비단, 도자기 등의 중국의 특산물이 가득 실려 있어 가는 곳마다 그는 명나라의 선물을 그들에게 주며 우호적인 교류를 하고자 하는 명나라의 바람을 전달하였다. 서양의 각 나라들은 매우 우호적으로 정화를 대하였고, 그 중 일부 나라들은 사신을 파견해 정화를 따라 중국 황제를 만나러 가게 하기도 하였다. 그리고 각 나라들은 선물을 받으면 보석, 향료 등의 특산품을 답례로 주었다. 명 성조는 정화의 성과에 매우 만족하였다. 정화는 모두 일곱 차례에 걸쳐 서양으로 갔는데, 가장 멀리 간 기록은 아프리카 동해안과 홍해 연안까지이다.

정화의 항해도

북경北京
남경南京
서안西安
오호문五虎門
복주福州
광주廣州
유가항劉家港
태창太倉
태평양太平洋
아라비아
인도
아프리카
인도양印度洋

　이 시기 남양南洋과 서양에 있던 많은 나라들의 국왕과 사신, 상인들은 무리를 지어 중국으로 몰려왔다. 정화의 항해는 인류 항해사에 있어 커다란 공헌을 하였다. 그의 항해는 콜럼버스가 미대륙을 발견한 것보다 반세기 정도 앞서는 것이었다. 정화의 대항해는 세계 항해사에 있어서의 쾌거이다. 아직도 동남아 일대에는 정화를 기념한 건축물들이 남아 있어 정화에 대한 그들의 존경심을 엿볼 수 있다.

▼ 정화의 항해 선단

미니상식 ⑤⑧ 일곱 차례의 정화의 항해	
제1차(1405~1407) : 실론, 캘커타 등	
제2차(1407~1409) : 캘커타, 시암(타이) 등	
제3차(1409~1411) : 호르무즈(페르시아만), 아랍 등	
제4차(1413~1415) : 아프리카 동해안	
제5차(1417~1419) : 아프리카 동부	
제6차(1421~1422) : 호르무즈(페르시아만), 아랍 등	
제7차(1431~1433) : 홍해, 메카	

왜구를 소탕한 척계광戚繼光

원元 말 명明 초, 일본 해적떼가 중국 해안 지역에 사는 백성들의 생명과 안전을 위협하였다. 당시 사람들은 이러한 일본 해적떼를 '왜구倭寇'라고 불렀다. 명나라 중기에 오면 왜구는 중국 해적들과 서로 손을 잡고 밀수, 약탈, 살인, 방화 등 온갖 나쁜 짓들을 다 저지르고 다녔다. 조정에서는 더 이상 이를 참지 못하고, 척계광에게 왜구를 소탕하라는 명령을 내렸다.

척계광(1528~1587)은 산동山東 봉래蓬萊 사람으로 중국 역사에 있어 유명한 민족 영웅이다. 1556년 젊은 장수 척계광은 왜구를 소탕

◀ 척계광戚繼光 상
원말 명초에 왜구를 소탕한 영웅이다.

▼ 대복선大福船
척가군이 왜구를 물리칠 때 탔던 군선의 모형이다.

◀ 왜구도 倭寇刀
왜구는 이러한 무기로 중국 해안 지역에 사는 백성들의 생명과 안전을 위협하였다.

▲「항왜도 抗倭圖」

하라는 명령을 받고 절강浙江 동부 해안으로 파견되었다. 그는 절강에 와서 군대의 기율이 무너졌고 전투력이 떨어져 있다는 것을 발견하였다. 이에 다시 군대를 모집하고 정병을 양성하였다. 그는 빠른 시일 안에 4,000여 명의 병사를 모집하였다. 척계광은 연해 지역의 특징을 염두에 두고 병사들을 훈련시켰다. 2개월 간의 엄격한 훈련을 통해 군기가 서고 전투력 역시 강화되어 왜구와 싸웠다 하면 승리를 거두었다. 이를 본 백성들은 그 병사들을 '척가군戚家軍'이라고 불렀다. 1561년 왜구는 실제로는 대주臺州를 공격할 생각을 갖고 있으면서도 봉화奉化, 영해寧海를 칠 것처럼 가장하였다. 척계광은 이들의 속셈을 꿰뚫어보고 대주에서 왜구를 물리쳤다. 척계광은 대주에서 아홉 번 싸워 아홉 번 모두 이겨 절강 동쪽에 있던 왜구들을 모두 소탕하였다. 그 후 척계광은 왜구들이 나타나기만 하면 쫓아가 그들을 공격하였다. 이렇게 10년 가까운 왜구 소탕 전쟁을 통해 1565년 즈음에는 동남쪽 연해에서 왜구가 더 이상 소란을 피우지 않게 되었다.

157

▼ 해서海瑞의 동상
명나라 때의 관리인 그는
고관대작이나 대지주들보
다는 백성들을 위해 일했
기에 많은 존경을 받았다.

해서(1514~1587)는 해남海南 경주瓊州 사람이다. 1558년 그는 절강浙江 순안淳安의 지현知縣으로 임명되었다. 그가 부임하기 전 그곳의 관리들은 부패하여 사건들을 모두 뇌물을 받고 처리했었다. 해서는 부임 후 여러 잘못된 사건과 억울한 사건들을 제대로 잡아 주었기에 백성들은 그를 몹시 존경하였다.

1564년 해서는 수도로 옮겨와 벼슬을 하고 있었다. 당시 황제인 명明 세종世宗은 불로장생을 믿어 매일 도사와 함께 황궁에서 단약丹藥 만드는 일에 푹 빠져 20여 년 동안이나 나라일을 돌보지 않고 있었다. 당시의 대신들은 황제에게 충언을 드릴 엄두를 내지 못하고 있었다. 해서는 관직은 비록 낮았지만, 용기가 있었다. 1565년 그는 명 세종을 비판하는 상소문을 올렸다. 해서는 명 세종이 이 글을 보고 나면 분명 자신의 머리를 자를 것이라 생각하고, 미리 처자식과 작별을 하고, 관도 사놓았으며, 자신이 죽은 후의 일까지도 다 안배를 해놓았다. 예상대로 명 세종은 그의 상소문을 보고 역정을 내었고, 그를 감옥에 잡아넣었다. 명 세종이 죽고 나서야 해서는 풀려나올 수 있었다.

1569년 해서는 또 강남江南 순무巡撫에 임명되어 응천십부應天十府(소주蘇州, 응천應天, 송강宋江, 상주常州, 진강鎭江, 휘주徽州) 등의 지역를 순시하였다. 이곳은 명나라에서 경제와 문화가 가장 발달한 곳으로, 고관대작 및 대지주들이 몰려 있어 국가가 관리하는 데 가장 애를 먹는 지역이기도 하였다. 고관대작 및 대지주들은 비옥한 농토를 대량으로 점유하고 있었다. 해서는 그들에게 강제로 점유한 토지를 무상으로 농민들에게 돌려주라고 강력히 요구하였고, 고관대작 및 대

▲ 해서의 묘

전설에 의하면 해서의 관을 해구海口로 운반할 때 그곳에서 갑자기 끈이 끊어졌다고 한다. 사람들은 이것은 하늘의 뜻으로 그 자리가 바로 죽은 해서가 선정한 묘자리라고 여겨 그를 해구에 안장하였다고 한다.

지주들은 이로 인해 해서를 원수로 생각하였다. 이에 조정의 일부 관원들과 결탁하여 해서에 대한 좋지 않은 이야기들을 꾸며 황제에게 고해바쳤다. 황제는 이들의 말에 속아 해서를 파면하였고, 해서는 10여 년을 한가로이 지낼 수밖에 없었다.

명明 신종神宗 때 연로한 해서는 다시 기용되었고, 1587년 임지인 남경南京에서 숨을 거두고 말았다. 해서는 수십 년 관리를 하면서 백성들을 위해 수많은 좋은 일들을 하였다. 이에 사람들이 모두 그를 '해청천海青天'이라고 불렀다.

미니상식 (59) 해서의 묘

해구 서애촌西涯村에 있다. 해서는 평생 청렴한 관리로 살았고, 1587년 임지인 남경에서 숨을 거두었다. 조정에서는 흠차대신欽差大臣을 보내 해남海南에 안장하라는 명을 내렸다. 1587년 건축을 시작한 해서의 묘는 모두 돌로 만들어졌다. 묘는 원추형이고, 묘 앞에는 석비가 있다. 묘로 향하는 길 양 옆에는 돌로 조각해놓은 말, 사자, 양 등이 있다. 능묘 안에는 소나무, 야자나무 등이 심어져 있다.

틈왕闖王
이자성李自成

▲ 이자성李自成의 동상
그는 명나라 후기 혼란한
시기에 농민의 지지로 봉
기하였다.

명 明 나라 후기가 되면 황제가 부패하고 무능하여 환관들이 정치를 농단하게 된다. 또 관료와 지주들이 전국 대부분의 옥토를 점유하여 많은 농민들은 땅을 잃었는데도 정부에서는 계속해서 농민에게 부세를 요구하게 된다. 이처럼 힘든 상황에 또 메뚜기떼라는 자연 재해까지 만나 농민들은 더 이상 살아갈 방도를 찾지 못하였다. 이러한 상황에서 농민 봉기의 기운이 전국에서 빠르게 퍼져가고 있었다. 1627년 재해가 극심했던 섬북陝北에서 농민 봉기가 일어났다. 이는 신속하게 번져 몇 년 안에 수십 개의 농민 봉기군이 생겨났고, 그중 고영상高迎祥이 이끄는 봉기군의 규모는 매우 컸다. 고영상이 죽은 후 주목할 만한 봉기군으로 장헌충張獻忠이 이끄는 부대와 이자성이 이끄는 부대가 남았다.

이자성(1606~1645)은 섬서陝西 미지米脂 사람이다. 1630년 고향 미지에서 봉기한 지 얼마 안 되어 고영상에게 투항하여 고영상 수하의 맹장이 되었고, 고영상이 죽은 후에 그는 '틈왕'으로 떠받들어져 부대를 이끌고 하남河南 일대에서 전쟁을 벌였다. 당시 하남은 재앙이 비교적 심했던 곳으로 이자성은 측근들의 도움을 받아 '균전면량均田免糧'의 구호를 내놓았다. 그의 구호는 많은 농민들의 지지를 얻어냈고, 농민들은 소와 양을 잡고 술을 준비해놓고 그를 맞아들이려 성문을 열었다. 봉기군은 신속하게 규모가 커져 백만 명으로 늘어났다. 1641년 이자성의 봉기군은 낙양洛陽을 점령하고, 복왕福王 주상순朱常洵을 살해하였다. 그리고 궁정의 재물은 모두 일반 백성들에게 나누어 주었다. 1644년 이자성은 서안西安에서 대순大順 정권을 세우고,

▲ 북경으로 진입하는 이자성의 군대의 모습이다.

같은 해 승리한 여세를 몰아 북경北京을 공격하였다. 명나라 최후의
황제 숭정崇禎은 매산煤山(지금의 북경 경산景山)에서 목을 매달아 자
살했다. 그 해 3월 이자성의 군대가 북경을 점령하였다. 농민군은 북경
에 진군한 후 군대의 기율를 엄격하게 지켰다. 대순 정권은 명나라의
귀족, 관료, 부자들에게 수많은 재물들을 내놓으라고 명령하였고, 일부
죄질이 나쁜 고관대작들에게는 형벌을 내리기도 하였다. 대순 정권은
장성長城 이남, 회하淮河 이북의 광대한 지역을 장악하였다.

▲ 도르곤 상
누르하치의 14번째 아들
로 1644년 청나라 군대를
이끌고 내려와 이자성을
패배시켰다.

　이자성이 북경을 접수하였다는 소식을 들은 만청滿淸의 섭정왕攝政
王 도르곤은 급히 군대를 이끌고 남하하여 산해관山海關을 지키던 명
나라 장군 오삼계吳三桂를 항복시켰다. 얼마 후 이자성은 직접 농민군
을 이끌고 오삼계와 함께 청나라 군대 연합군을 맞아 산해관에서 전투
를 벌였고, 이 전투에서 이자성의 농민군은 패배하였다. 이자성은 북경
에서 쫓겨난 뒤 하남, 섬서 등의 지역에서 전투를 벌였다. 1645년 이자
성은 끝내 호북湖北 구궁산九宮山에서 전사하였다.

미니상식 ⑥⓪ 산해관을 넘어온 청나라 군대
1616년 여진족女眞族의 우두머리 누르하치가 세운 금金 나라를 역사에서는 '후금後金'이라고 부른다. 1626년 홍타이치가 황위를 계승한다. 1635년 그는 그들 종족의 이름을 '여진'에서 '만주滿洲'로 바꾸고, 그 다음 해 국호를 '청淸'으로 바꾼 후 황제가 된다. 1644년 청나라 군대는 산해관을 공격하고, 산해관을 지키던 장수 오삼계는 투항한다. 10월 청淸 나라 황제 순치順治는 성경盛京(지금의 심양瀋陽)에서 북경으로 천도를 하고, 그때부터 본격적으로 중국 통치를 시작한다.

대만臺灣을 수복한 정성공鄭成功

▲ 정성공鄭成功의 동상
네덜란드의 식민통치자들이 대만을 침략하자 그의 부대는 격렬한 전투로 대만을 수복하였다.

경치가 아름답고 산물이 풍부한 대만섬은 예로부터 중국과 불가분의 관계를 맺고 있었다. 1624년부터 네덜란드의 식민통치자들은 대만을 점령해나가기 시작하였다. 대만인들은 그들의 압박과 약탈을 참다 못해 끊임없이 반항을 하였지만 힘이 없다보니 성공을 한 적이 없었다. 동남 연해에서 청나라에 항거하던 장수 정성공鄭成功은 네덜란드의 식민통치자들을 쫓아내기로 결심하게 된다.

1661년 3월 정성공은 직접 군대를 이끌고 금문金門에서 출발하여 대만인의 안내를 받아 대만섬에 상륙한다. 대만인들은 정성공이 왔다는 소식을 듣고, 무리를 지어 그를 맞으러 갔다. 네덜란드 사람들이 미

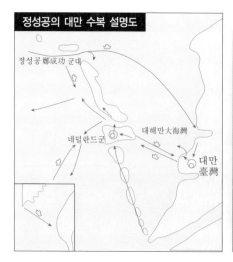

▼ 정성공과 네덜란드 군대의 해상 격전을 묘사한 그림이다.

처 알아차리기도 전에 정성공의 부대는 대만섬과 바다 위에 진을 펼쳤다. 정성공의 군대와 네덜란드 식민통치자들은 격렬한 전투를 벌였고, 정성공은 적군을 적감성赤嵌城(지금의 대남臺南)에 몰아넣은 후 포위한 뒤 그들의 수원水源을 끊어버렸다. 성을 지키는 네덜란드 군대는 투항하지 않는다면 목말라 죽거나 굶어 죽을 수밖에 없는 상황이었다. 네덜란드 군대는 정성공에게 10만 량의 은을 줄 테니 물러나 달라고 청하였다. 그러나 정성공은 단호하게 거절하면서, 대만은 역사 이래로 중국의 영토였으니 네덜란드 식민통치자들이 물러나야 할 것이라고 말하였다. 네덜란드 군대는 또 지원병을 파견해 정성공을 물러나게 시도해보았으나 역시 패하고 말았다. 결국 네덜란드 군대는 정성공에게 투항하였고, 1662년 중국은 대만을 수복하였다.

▲ 정성공의 화상

대만 수복은 중국 군대가 외래의 침략에 항거하여 처음으로 거둔 대승리의 결과이다. 정성공은 이 전투로 인해 중국 역사에 있어 민족 영웅으로 기억된다.

▲ 유견석부 有肩石斧
대만에서 출토된 것으로 중국 동남 해안에서 출토된 동시기 석기와 같은 문화 계통에 속하고 있다. 이는 문화에 있어 대만과 중국의 관계를 증명해주고 있다.

미니상식 (61) 중국이 대만을 관할했던 간략한 역사

  230년 : 오나라 손권孫權이 위온衛溫을 대만에 파견.
  607년 : 수隋 양제煬帝가 주관朱寬을 대만에 보내 대만 사람들을 위로.
1292년 : 원元 세조世祖 쿠빌라이가 대신을 대만에 보내 대만 사람들을 위로.
1335년 : 원나라가 팽호순검사澎湖巡檢司를 설치해 정식으로 대만 관할.
1684년 : 청나라에서 대만부臺灣府 설립.

강건성세
康乾盛世

청 淸 나라 강희康熙(1661~1722 재위), 옹정雍正(1722~1735 재위), 그리고 건륭乾隆(1735~1796 재위) 이 세 황제가 나라를 다스릴 때 정치, 경제가 발달하여 역사에서는 이 시기를 '강건성세康乾盛世(강희와 건륭 시기의 성세)'라고 부르고 있다.

강희대제는 중국 역사상 가장 오랫 동안 황제의 자리에 있었다. 1661년 즉위하였을 때 강희는 어린아이에 불과하였다. 그때 명明 나라의 유신들은 청나라를 뒤엎고, 명나라를 다시 세우려 기도하고 있었다. 이러한 상황을 타개하기 위해 강희대제는 유가儒家를 정부의 사상으로 정하고, 한족들도 과감하게 관리로 임명하였으며, 한족의

◀ 강희대제康熙大帝 상
그는 중국 역사상 가장 오랫 동안 황제의 자리에 있었다.

▼ 건청궁乾淸宮
청나라 황제가 국가 대사를 처리하던 장소이다.

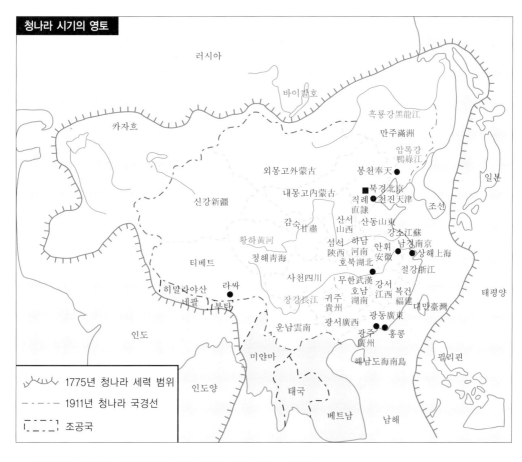

청나라 시기의 영토

러시아

바이칼호

카자흐

흑룡강黑龍江

만주滿洲

외몽고外蒙古

압록강鴨綠江

봉천奉天

신강新疆

내몽고內蒙古

북경北京

직례直隷

천진天津

조선

일본

감숙甘肅

산서山西

산동山東

강소江蘇

섬서陝西

하남河南

안휘安徽

남경南京

상해上海

황하黃河

청해靑海

호북湖北

절강浙江

티베트

사천四川

무한武漢

강서江西

복건福建

대만臺灣

태평양

히말라야산

네팔

라싸

부탄

장강長江

호남湖南

귀주貴州

인도

운남雲南

광서廣西

광동廣東

홍콩

미얀마

광주廣州

해남도海南島

필리핀

인도양

태국

베트남

남해

▽▽▽ 1775년 청나라 세력 범위

------ 1911년 청나라 국경선

┌----┐ 조공국

▼ 강건성세를 증명하고 있는 청나라 때의 번화한 모습을 담은 그림이다.

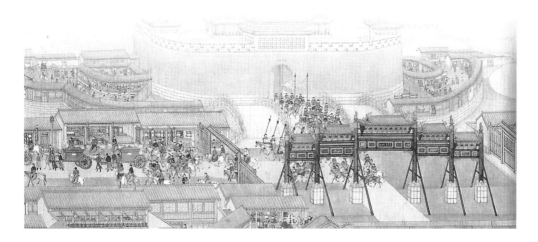

▲ 「홍력설경행락도 弘歷
雪景行樂圖」
건륭과 자녀들이 명절을
지내는 모습을 사실적으로
나타냈다.

문화도 받아들였다. 강희대제는 또 농업을 중시여겼고 농민들의 부담을 줄여주는 일련의 조치도 취하였다. 이렇게 하여 전쟁으로 인해 파괴되었던 경제를 신속하게 회복시킬 수 있었다. 그는 전국 각지를 수시로 돌아다니면서 민심을 읽었고, 또 일반 서민들의 고통에 깊은 관심을 기울였다. 강희대제는 서남西南 지역 오삼계吳三桂의 반란, 몽고 준가르부의 분열 활동, 티베트의 반란 등을 평정하였다. 뿐만 아니라 정성공鄭成功 후대의 손에서 대만을 화수하였고, 제정 러시아와 두 번에 걸쳐서 전투를 벌여 청나라 영토를 확보하는 등 국가의 통일에 많은 공헌을 하였다. 강희대제가 황제 자리에 있는 동안 사회와 경제는 발전하였고 백성들의 삶도 안정되기 시작하였다.

옹정의 재위 기간은 비교적 짧았지만 청나라의 지속적인 발전을 이어나갔다. 건륭황제는 옹정의 아들로 1735년 즉위한 후 농민들로 하여금 황무지를 개간하게 하고, 이민 정책을 써서 농업 생산을 증대시켰다. 그뿐 아니라 여러 차례에 걸쳐 농민들의 부세를 감면해 주었다. 그는 옹정 시기 중앙과 지방 지주 관료와의 대립 관계를 조정하였다. 또한 관리가 사적으로 무리지어 이익을 추구하는 것을 막았으며, 관리 체제를 개선하였다. 회부回部 귀족의 반란을 평정하였고, 또 티베트를 대상으로 정치와 종교 개혁을 진행시키면서 티베트에 대한 관리도 강화하였다. 그리고 서남 소수민족 지역의 할거 정권을 소멸시켜 근대 중국의 기초를 닦았다. 건륭 시기의 중국은 강희, 옹정 시기보다 더 강하고 부유해져 청나라 최고의 전성기를 누렸다.

미니상식 62 달라이 라마와 판첸 라마

1653년 청 정부는 달라이 라마 5세를 티베트 불교에 있어 우두머리로 정식으로 인정하였다. 1713년 또 판첸 5세에게 금인金印과 금책金冊을 내려주었다. 이 역시 정식으로 그의 지위를 인정해 준 것이다. 이후 역대 달라이 라마와 판첸 라마는 반드시 중앙 정권을 거쳐 책봉되었다.

▲ 청나라가 달라이 라마에게 내려준 금인

과학의 거장
그리고
그들의 저서

명 明 나라 때에는 경제가 발전한 동시에 과학 및 의학 또한 발전하여 수많은 뛰어난 학자와 저작물들이 출현하였다.

이시진李時珍과 『본초강목本草綱目』: 이시진(1518~1593)은 명대의 저명한 의학자이면서 약물학자이다. 그는 호광湖廣 기주蘄州(지금의 호북湖北 기춘蘄春) 출신으로 대대로 의사 일을 하는 집안에서 태어났다. 그는 집안의 영향으로 어려서부터 의학에 지대한 관심을 보였고, 사람들이 병에서 해방될 수 있도록 훌륭한 의사가 되겠다고 결심하였다. 이시진은 24세에 정식으로 사람들의 병을 보기 시작하였고, 그의 뛰어난 의술로 인해 많은 난치병 환자들이 치료되었다.

▲ 『본초강목』
명대의 저명한 의학자 이시진이 쓴 약물학 연구의 결정체이다.

▼ 이시진李時珍의 동상
명대의 저명한 의학자이면서 약물학자인 그는 『본초강목』이라는 약물학 연구서를 써냈다.

이시진은 의술 과정 중 이전 사람들이 편찬한 의약서에 빠진 것이 많고 심지어는 틀린 부분까지 있는 것을 발견하고서 제대로 된 약학 관련 서적을 써내기로 결심하였다. 그러기 위해 이시진은 많은 의학 서적을 읽고 직접 약초를 채집하고 실험하였다. 30년 가까운 시간을 보내고 그의 나이 60세 때 드디어 『본초강목』을 완성하였다. 이 책에 수록된 약품은 1,800여 종류로, 이전 서적보다 370여 종이 더 첨가되었다. 처방은 10,000여 항목이나 되었고, 그림도 1,000여 개나 들어 있었다. 이 책에서는 식물도 분류하였는데, 이러한 분류 방법은 당시 세계에서 가장 선진적인 것이었다. 『본초강목』은 중국 약물학 연구의 결정체이며, 이미 여러 나라 언어로 번역되어 '동방의학거전東方醫學

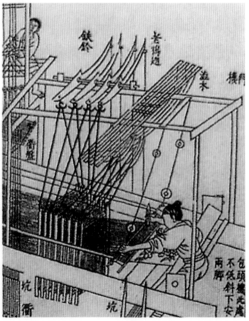

◀ 서광계徐光啓와 마테오 리치 상
서광계는 이탈리아 선교사인 마테오 리치에게서 서방의 천문학과 수학 등을 배웠다.

▼ 직기도織機圖
송응성이 쓴 명나라 농업과 수공업 생산 기술의 총괄 『천공개물』에 나오는 직물을 짜는 기계이다.

巨典'이라고 칭송되고 있다.

▲ 『서하객유기』
명나라의 여행가 서하객이
여행을 하면서 일기 형식
으로 쓴 책이다.

서광계徐光啓와 『농정전서農政全書』: 서광계(1562~1633)는 상해上海 사람으로 명나라 때의 과학자이다. 그는 일찍이 이탈리아 선교사 마테오 리치에게서 서방의 천문학, 수학, 화기火器 등에 관한 지식을 배웠다. 그는 과학에 깊은 관심을 갖고 있었고, 서방의 자연과학을 소개해 중국의 농업, 천문학, 수학 등의 발전에 지대한 공헌을 하였다. 그의 『농정전서』는 농업에 관한 책으로 과학적인 방법을 사용하여 중국의 전통적인 농업 지식과 기술을 총괄해내었고, 또 유럽의 수리기술을 소개하였다. 『농정전서』는 삽화와 주석, 설명 등이 들어 있는 '농업에 관한 백과사전'이라 할 수 있다.

송응성宋應星과 『천공개물天工開物』: 송응성(1587~약 1666)은 강서江西 사람으로 명나라 말기의 과학자이다. 그는 많은 저서를 남겼는데 『천공개물』은 그 중 가장 영향력 있는 책이다. 이 책은 명나라 농업과 수공업 생산 기술의 총괄로, 당시 사회 생활 각 부분의 거의 모든 내용을 언급하고 있을 정도로 내용이 광범위하다. 이 책은 당시 사회 발전 수준을 반영해주는 책으로 '17세기 중국의 공예 백과사전'이라고 불려지고 있다.

서하객徐霞客과 『서하객유기徐霞客遊記』: 서하객(1586~1641)은 강소江蘇 사람으로 17세기 중국의 유명한 여행가이면서 지리학자이다. 그는 많은 책을 읽었는데 그 중 특히 지리, 역사, 여행 관련 서적에 관심이 높았다. 그는 한 지리 서적에 수록된 것 중 틀린 것을 발견하고 이에 중국을 제대로 살펴보기로 마음먹었다. 22세에 여행을 시작한 서하객은 죽는 날까지 중국 각지를 돌아다녔다. 30여 년 동안 서하객은 중국 전 지역을 거의 다 돌아다녔다. 『서하객유기』는 일기 형식으로 자신이 여행을 하면서 보고 들은 것, 자신의 느낌 등을 적은 것이다. 서하객은 자신이 직접 조사한 자료들을 이용하여 중국의 산천, 지형, 광물의 분포 등에 대해 기록하였다. 『서하객유기』는 중국의 지리 및 물에 관한 각종 변화와 운동 양상, 동식물의 분포 등을 연구하는 데 있어 중요한 참고 자료가 되고 있다.

중국의
4대 기서

명 明·청淸 시기가 되면 고전 소설이 매우 발달하게 된다. 우리가 4대 기서로 부르는 『삼국연의三國演義』, 『수호전水滸傳』, 『서유기西遊記』, 『홍루몽紅樓夢』 등의 작품들이 바로 이 시기에 등장하게 된다.

▼ 「관우금장도關羽擒將圖」
『삼국연의』의 한 장면.

▼ 『삼국연의』 삽화

『삼국연의』의 원래 이름은『삼국지통속연의三國志通俗演義』로 저자 나관중羅貫中은 민간에 전해 내려오던 삼국과 관련된 이야기와 정사『삼국지三國志』에 의거해『삼국연의』를 창작하였다. 나관중은 원말 명초 사람이다.『삼국연의』에서는 주로 조조曹操, 손권孫權, 유비劉備가 각각 한 지역을 근거지로 하여 대치하고 있는 상황을 그려내고 있다.『삼국연의』는 중국 최초의 장회체章回體(장편소설에서 횟수를 나누어 매회마다 표제를 붙여 소설 전체의 내용을 개괄해 볼 수 있게 한 체재) 장편 역사소설이다.

『수호전』은 또『충의수호전忠義水滸傳』이라고도 불린다.『삼국연의』와 거의 같은 시기에 등장한 이 작품은 시내암施耐庵이 북송北宋 말기 송강宋江의 봉기 상황을 가공하여 장편소설로 꾸며낸 것이다. 소설은 "관아에서 핍박하면 백성들은 들고 일어난다官逼民反"란 것을 주제로 하여 양산박梁山泊 108 호한의 봉기를 영웅적으로 그려내고 있다. 이 소설에서는 봉건 통치자들의 잔인함과 부패를 폭로하였고, 호한들이 부패한 관아에 맞서 영웅적으로 싸우며 백성들을 보호해주는 상황을 찬양하고 있다.

▲『수호전』삽화

▼「삼타축가장三打祝家庄」
『수호전』중의 한 장면. 축가장을 세 번 공격하는 장면을 묘사하였다.

『서유기』는 명나라 오승은吳承恩이 민간에 떠돌아다니던 당대唐
代 삼장법사三藏法師 관련 이야기를 가공하여 창작한 것이다. 이 소
설에서는 이전에 천궁天宮에서 소란을 피웠던 손오공孫悟空이 삼장
법사를 호위하여 서역으로 불경을 가지러 가는 도중 81가지의 어려
움을 겪은 뒤 결국 불경을 얻는 상황을 그려내고 있다. 『서유기』는 상
상력이 풍부하고 이야기도 재미있다. 이 소설은 언어가 생동적인 중
국의 유명한 장편 신화소설神話小說이라 할 수 있다.

◀ 손오공
삼장법사를 호위하여 서역으로 불경을
가지러 떠나 많은 일들을 겪는 『서유
기』의 주인공이다.

▼ 『서유기』 삽화

◀▲ **조설근과 그의 저서 『석두기』**
『석두기』는 우리에게 『홍루몽』이라는 제목으로 더 잘 알려져 있다.

『홍루몽』은 『석두기石頭記』라고도 하며 전체 120회에 달한다. 청나라 사람 조설근曹雪芹이 전반 80회를 썼고, 고악高鶚이 후반 40회를 썼다고 알려져 있다. 이 소설은 가보옥賈寶玉과 임대옥林黛玉의 비극적인 사랑을 줄거리로 하여 봉건관료인 가賈, 왕王, 사史, 설薛씨 가문, 특히 그 중에서도 가씨 가문의 쇠락 과정을 묘사하고 있다. 『홍루몽』은 중국 고전 문학 중 예술성과 사상성이 가장 잘 결합된 작품으로 평가되고 있다.

이 시기 출현한 4대 기서와 그 외의 소설들은 당시 사회상을 반영하고 있는 현실적인 작품들이다.

▼ **『홍루몽』 삽화**

미니상식 (63) 요재지이 聊齋志異

청清 나라 강희康熙 연간 산동山東 치천淄川(지금 산동 치박淄博) 사람인 포송령蒲松齡이 쓴 단편소설집이다. 이 책은 여우신 등을 빌어 당시 사회를 반영하고 있다. 어떤 작품은 탐관오리를 풍자하고 있고, 어떤 작품은 과거제도를 폭로하고 있으며, 또 어떤 작품은 청춘 남녀의 진지한 사랑을 그려내고 있다. 또 어떤 작품은 일반 서민들의 반항 정신을 찬양하고 있기도 하다.

개요

　영국은 1840년 세계에서 최초로 공업 혁명을 일으키고, 당시 세계에서 가장 강력한 자본주의국가가 되었다. 영국은 공업 생산품의 판매 시장을 넓히고, 더 넓은 공업 원료 생산지를 확보하기 위해 중국에서 아편전쟁을 일으켰다. 중국은 아편전쟁에서 패배하여 영국과 불평등 조약인 '남경조약南京條約'을 체결하였다. 이를 시작으로 하여 중국의 주권과 영토는 완전히 유린되었고, 중국은 반식민지, 반봉건국가로 전락하게 되었다. 그래서 사학계에서는 1840년을 중국 근대사의 시작으로 보고, 그로부터 110년 동안의 역사를 중국 근대사로 보고 있다. 아편전쟁 후의 100여 년 동안 서구 열강은 여러 차례에 걸쳐 중국을 침략하였고, 중국의 주권과 영토는 계속하여 유린당하였다. 이와 동시 중국에서는 침략에 저항하고, 위기에 빠진 국가를 다시 재건해 보려는 다양한 운동들이 나타나기 시작하였다. 태평천국운동太平天國運動, 무술변법운동戊戌變法運動 , 의화단 운동義和團運動 등이 위기에 빠진 중국을 다시 살려보려는 시도들이었다. 특히 1911년 손중산孫中山이 지도한 신해혁명辛亥革命은 중국 2,000여 년 간의 봉건군주제도를 뒤엎고 중화민국中華民國을 탄생하게 하였다. 그리고 1919년의 5·4운동五四運動은 중국 공산당 탄생의 기초가 되었으며, 1921년의 중국 공산당의 탄생은 중국 혁명이 새로운 국면으로 접어들게 하였다.

　1949년 중국 공산당의 지도하에 중국 인민들은 제국주의 세력을 축출하고, 당시 대륙을 통치하던 국민당을 쫓아내는 혁명을 일으켰다.

아편 폐기에 앞장선 임칙서 林則徐

1839년 6월 3일 광동廣東 호문虎門 해변에는 작은 상자들이 산처럼 쌓여 있었다. 그 주위에는 수많은 사람들이 매우 흥분하여 이를 지켜보고 있었다. 과연 무슨 일이 벌어지고 있는 것이었을까?

알고 보니 그 상자 안에 있는 것은 모두 아편이었다. 피웠다 하면 중독이 되고 정신이 혼미해져 아편을 피우는 사람들을 다들 '아편쟁이'라고 부르며 경멸하였다. 19세기부터 영국 등 서방 국가들은 대량으로 중국에 아편을 밀수출하였다. 40년이 채 안 되어 중국에서 아편을 피우는 사람은 200여만 명으로 늘어났다. 아편은 영국 상인들에게는 막대한 이익을, 중국 사회에는 막대한 피해를 주었다. 아편은 사람들의 건강을 해쳤을 뿐 아니라 중국의 은을 대량으로 유출시켜 경제적으로 엄청난 손해를 입혔다. 또 군대에도 아편쟁이들이 늘어남에 따라 군대의 사기는 나날이 떨어지고 이로 인해 전투력도 급격히 저하되었다.

이러한 심각한 문제에 직면하여 호광湖廣 총독 임칙서를 대표로 하는 대신들은 여러 차례에 걸쳐 도광황제道光皇帝에게 상소문을 올려 아편을 엄금시켜 달라고 주장하였다. 1839년 황제는 마침내 결심을 하고 임칙서를 광주廣州로 보내 아편을 금지시키게 하였다.

임칙서(1785~1850)는 1838년 호광 총독으로 부임하였을 때 아편을 금지시켜 눈에 띄는 효과를 거둔 적이 있었다. 그는 광주로 온 후 외국의 아편 판매상들을 대상으로 강력한 투쟁을 하였다. 먼저 상황을 정확하게 조사하고 그 후 아편 판매상들에게 아편 전부를 내놓고 영원히 밀수를 안 할 것을 약속하라고 명령하였다. 외국의 아편 판매상

▲ 임칙서林則徐 상

외국 아편 판매상들에 맞서 나라를 구하기 위해 아편 폐기에 적극적으로 나선 그는 중국 근대사에 있어 민족 영웅으로까지 칭송되고 있다.

▲ 아편굴에서 아편을 피우는 사람들의 모습.

▲ 외국 아편 판매상을 우스꽝스럽게 '서방마귀'로 묘사한 그림이다.

▲ 천안문광장 인민영웅기념비의 '호문에서의 아편 폐기' 부조

들은 임칙서가 진짜로 아편을 금지할 수 있으리라 믿지 않았다. 그들은 아편을 내놓지 않았으며 도망갈 준비를 하는 자들도 있었다. 임칙서는 군대를 보내 도망간 사람들을 잡아들이고, 영국 상관商館을 포위한 뒤 상관 안에 있던 중국 고용인들을 철수시켰다. 그리고 상관에 음식 공급을 끊어 외국 아편 판매상 및 그들의 지지자가 생활하는 데 매우 불편하게 만들었다. 더 나아가 그는 "만약 아편이 없어지지 않는다면, 나는 아편이 모두 없어지는 그날까지 돌아가지 않을 것을 맹세한다"라는 말까지 하였다. 그제야 아편 판매상들은 더 이상 희망이 없음을 알고 아편을 내놓았는데, 무려 20,000여 상자, 무게로는 1,100여 톤이나 되었다.

임칙서가 20,000여 상자의 아편을 모두 없애는 데 무려 23일이나 걸렸다고 한다. 호문에서의 아편 폐기는 세계를 놀라게 한 쾌거였다. 임칙서는 이로 인해 중국 근대사에 있어 민족 영웅이 되었다.

미니상식 ⑥4 아편을 폐기한 방법

임칙서는 호문에서 아편을 폐기할 때 불을 사용하지 않았다. 석회수를 아편에 부어 화학 반응이 일어나게 하여 아편을 녹여버렸다.

아편전쟁
鴉片戰爭

굉장한 이윤이 남는 장사인 아편 판매로 영국의 상인들 뿐 아니라 영국 정부도 많은 이익을 얻고 있었다. 그래서 임칙서 林則徐가 광주廣州 호문虎門에서 벌인 아편 금지 조치는 그들에게 막대한 손실을 입혔다. 1840년 6월 영국은 모두 540문의 대포가 탑재된 48척의 함대를 광동廣東 해역으로 보내 제1차 아편전쟁을 일으켰다.

임칙서가 그곳 군대와 백성들을 이끌고 미리부터 준비를 했기에 영국군은 해안선을 따라 북상할 수밖에 없었다. 북상하며 절강浙江 정해定海를 함락시키고, 8월에 천진天津에 도착하였다. 청淸 나라 황제는 겁을 집어먹고 화친을 주장하는 신하 기선琦善을 보내 영국군이 물러만 나면 임칙서를 반드시 벌주겠다는 조건으로 담판을 하였다. 영국군이 철수한 후 청 정부는 임칙서를 파면하고 기선을 광주로 파견하였다.

1841년 1월, 영국군은 홍콩섬을 강제로 점령하였다. 청나라 정부는 어쩔 수 없이 전쟁을 선포하고 혁산奕山을 광주로 파견하여 군대를 지휘하도록 하였다. 2월 영국군은 호문의 포대를 맹공격하였고, 그곳을 지키던 장수 관천배關天培는 지원군이 없는 상황에서 용감하게 싸웠다. 포대를 잃은 후, 관천배는 병사들과 함께 칼을 들고 적을 맞아 싸웠지만, 결국 모두 희생당하고 말았다. 영국군이 광주성廣州城을 공격하자, 혁산은 백기를 들고 항복하였다. 광주를 점령한 영국군은 온갖 못된 짓을 다하였고, 이는 백성들의 강한 반발을 불러일으켰다. 광주 교외 삼원리三元里 사람들을 자발적으로 뭉쳐 영국군과 맞서 싸워 영국군에게 심한 타격을 입혔다.

▲ 관천배關天培 상
아편전쟁 당시 지원군이 없는 상황에서도 용감히 싸워 호문을 지키려 했던 장수이다.

아편전쟁 형세도

천진天津 ○

운하運河

황하黃河

1840

진강鎭江 ■

1842
남경南京 ○ ○

오송吳淞 ■

상해上海 ■

장강長江

항주杭州 ○

진해鎭海 ○ ○
영파寧波 ■

복주福州 1841 ○

하문廈門 ■

대만
臺灣

광주廣州 ■
○

망하望厦 ○
홍콩 ○

1840

	영국군 침입 노선 및 침입 연도
■	영국군 침략에 대항한 중국군의 주요 거점

▲「아편전쟁해전도 鴉片戰爭海戰圖」

영국군은 절강의 정해, 진해鎭海, 영파寧波 등지로 계속 전쟁을 확대시켜 나갔다. 갈운비葛雲飛를 대표로 하는 중국 군대와 백성들은 영국군에 맞서 필사적으로 싸웠으나 무기가 낙후되고 조정이 부패하여 패배를 거듭할 수밖에 없었다. 1842년 6월 영국군은 상해上海 오송吳淞에 쳐들어왔고, 나이 일흔에 가까운 노장 진화성陳化成은 군대를 이끌고 나아가 영국군과 싸웠으나 결국 희생당하고 말았다. 오송을 함락시킨 후 영국군은 장강長江을 따라 8월에 남경南京을 함락시켰다. 청 정부는 황급히 항복하였고, 중국 민족의 권익을 판 '남경조약南京條約'을 영국과 체결하였다. 남경조약에는

▲ 진화성陳化成 상
아편전쟁 당시 나이 일흔에 영국군에 맞서 상해를 지키려 했던 장수이다.

▲ 아편전쟁 시기에 영국군이 중국에 들어와 약탈을 일삼는 모습을 풍자한 그림이다.

"2,100만 은화를 배상한다. 홍콩섬을 떼어준다. 광주, 상해, 하문廈門, 복주福州, 영파 등 다섯 도시를 개방한다"와 같은 조건들이 들어 있었다. 이 조약은 영국의 강압에 못 이겨 청 정부가 맺은 불평등 조약이다. 이 조약을 시작으로 중국은 반식민지, 반봉건국가로 전락하였다.

미니상식 65 불타버린 원명원圓明園

원명원은 청나라 황실의 별궁으로 북경北京 서북쪽 교외에 위치하고 있다. 세계에 널리 알려진 황실정원으로 서방에서는 '정원 중의 정원'이라고 불렸다. 1856년 영국과 프랑스 연합군은 제2차 아편전쟁을 일으켰다. 1860년 영국과 프랑스 연합군은 북경을 함락시키고 원명원으로 몰려들어와 원명원 안에 있는 무수한 보물들을 약탈해갔다. 그리고 이러한 만행을 숨기고자 마지막엔 원명원을 불태워버렸다.

태평천국운동
太平天國運動

아편전쟁 이후 청淸 나라의 통치는 더욱 부패하였고, 백성들은 심한 생활고에 시달렸다. 1843년 홍수전洪秀全이라는 청년이 기독교 사상의 영향을 받아 '배상제회拜上帝會(하나님을 모시는 모임)'라는 종교 조직을 만들었다. 그는 사람들은 모두 평등하다는 사상을 알리면서 청나라 정부와 맞서 싸울 것을 주장하였다. 배상제회는 급속도로 성장하여 홍수전은 38세 생일인 1851년 1월 11일 농민들을 이끌고 광서廣西 계평桂平 금전金田에서 봉기하고, 이름을 태평천국이라 지었다.

▲ 홍수전洪秀全의 흉상
부패한 청나라 정부와 맞서 싸울 것을 주장한 태평천국운동의 주동자이다.

▲ 태평천국 왕부의 돌배
태평군은 청나라 군대를 무찌르고 1853년 3월 남경을 점령하여 그곳을 수도로 삼았다.

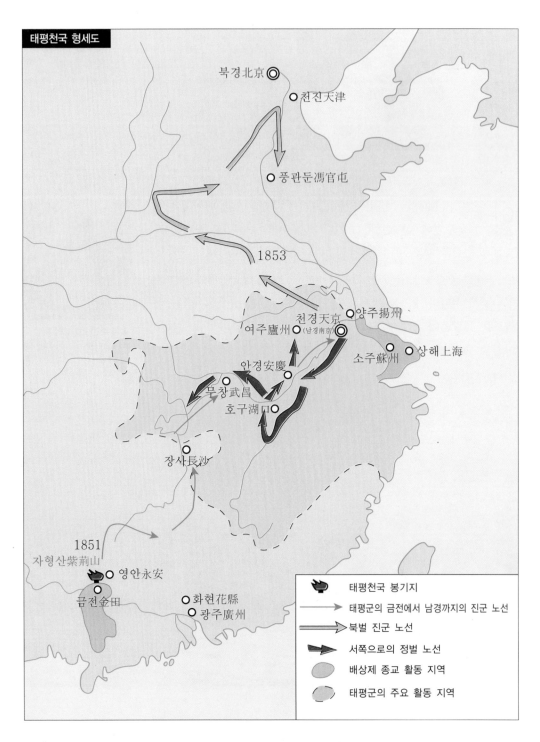

태평천국 형세도

북경北京

천진天津

풍관둔馮官屯

1853

양주揚州
천경天京
(남경南京)
여주廬州
안경安慶
소주蘇州
상해上海
무창武昌
호구湖口

장사長沙

1851
자형산紫荆山
영안永安
금전金田
화현花縣
광주廣州

태평천국 봉기지

태평군의 금전에서 남경까지의 진군 노선

북벌 진군 노선

서쪽으로의 정벌 노선

배상제 종교 활동 지역

태평군의 주요 활동 지역

태평군太平軍은 용감하게 싸워 매번 청나라 군사를 무찔렀고, 병사의 숫자도 빠른 시간 안에 2만 명에서 수십만 명으로 늘어났다. 1853년 3월 태평군은 남경南京을 점령하였다. 홍수전은 남경을 천경天京이라 개명하고 수도로 삼았다. 태평천국은 '천조전묘제도天朝田畝制度'를 반포하였는데, 그 핵심 내용은 "밭이 있으면 같이 갈고, 밥이 있으면 같이 먹으며, 옷이 있으면 같이 입고, 돈이 있으면 같이 쓰며, 골고루 분배되지 않는 곳이 없고, 배고프거나 추운 사람이 없는 이상향을 실현한다"는 것이었다. 태평군은 많은 전투에서 승리를 거두며 북진하여 북경北京 근처까지 이르렀고, 이에 놀란 청나라 황제는 도망갈 준비를 하였다.

각 방면에 있어 벌이는 일이 모두 다 잘 되어가고 있던 1856년 8월, 태평천국 지도부 내에서 서로 죽고 죽이는 권력 쟁탈전이 벌어졌다. 이것이 바로 '천경사변天京事變'이다. 이 사건으로 인해 태평천국의 역량은 크게 줄어들었고, 이 틈을 이용해 청나라 군대는 전면적으로 반격을 시작하였다. 특히 증국번曾國藩을 우두머리로 하는 상군湘軍은 태평천국의 가장 강력한 적수로 등장하였다. 비록 홍수전이 이런 난국을 타개하고자 진옥성陳玉成, 이수성李秀成 등의 젊은 장수들을 발탁하여 약간의 효과를 보긴 하였으나 이미 기울어진 태평천국의 운명을 되돌릴 수는 없었다. 1863년 말 상군은 천경을 포위하기 시작하였고 1864년 6월 3일 홍수전은 병으로 세상을 떠나고 말았다. 그해 7월 상군은 천경을 함락시켰고, 이로써 근 14년에 이르는 대규모 농민봉기는 진압되고 말았다.

▲ 증국번曾國藩
태평천국의 가장 강력한 적수로 등장한 상군의 우두머리로 태평천국의 수도 천경을 함락시킨 장본인이다.

미니상식 (66) 서양 소총부대를 패퇴시킨 태평군

1860년 이수성이 이끄는 태평군은 상해上海 부근의 청포靑浦를 점령하였다. 미국인 월은 '서양 소총부대'를 조직하여 청나라 군대를 도와 태평군과 싸웠다. 이수성이 거느린 태평군은 용감하게 싸워 서양 소총부대원 600~700명을 죽이고 소총 2,000여 자루, 대포 10여 문을 빼앗는 성과를 거두었다. 서양 소총부대는 대패하고, 월은 중상을 입은 채 도망쳐야 했다.

청일전쟁
清日戰爭

메이지 유신 이후 일본은 자본주의가 신속하게 발전하였고 국력 또한 증가되었다. 국력이 증가함에 따라 일본의 영토 확장 야심 또한 커지기 시작하였다. 1894년(음력으로 갑오년) 일본은 조선으로 군대를 파병하였고, 또 청나라 병력을 수송하는 배를 습격하였다. 이 사건으로 인해 청일전쟁(갑오년에 발발하여 중일갑오전쟁中日甲午戰爭

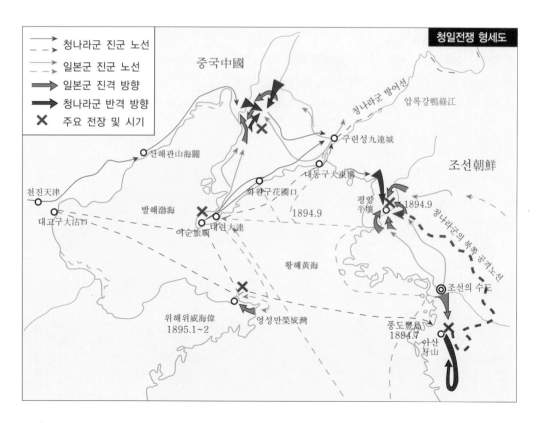

청일전쟁 형세도

청나라군 진군 노선
일본군 진군 노선
일본군 진격 방향
청나라군 반격 방향
주요 전장 및 시기

중국中國

청나라군 방어선
압록강鴨綠江

조선朝鮮

산해관山海關

천진天津
대고구大沽口
발해渤海
화원구花園口
여순旅順 대련大連
1894.9

대동구大東溝
구련성九連城

평양平壤 1894.9
청나라군의 부흥 공격노선

황해黃海

위해위海偉
1895.1~2
영성만榮成灣

풍도豊島
1894.7

조선의 수도
아산牙山

▲ 청일전쟁 당시의 황해대전 모습이다.

▲ 등세창과 치원호 병사들
청일전쟁 당시 치원호의 함장이었던 등세창과 그의 명을 따라준 여러 치원호 병사들의 모습이다.

이라고도 일컫는다.)이 발발하였다.

전쟁 초기 청나라 군대는 조선의 평양平壤에서 일본군과 전투를 벌였다가 패하였고, 일본은 평양을 점령하였다. 그리고 전선은 중국 영토 안으로 확장되었다.

9월 17일 오전, 중국 북양수사北洋水師 소속 10척의 군함이 정여창丁汝昌, 유보섬劉步蟾의 지휘하에 12척의 배로 무장한 일본 해군과 황해黃海에서 격전을 벌였다. 비록 일본 해군의 군함의 수가 많았고 강력하였지만 중국 대부분의 해군 병사들은 용감하게 싸웠다. 치원호致遠號의 탄약이 바닥나고, 설상가상으로 포탄까지 맞은 상황에서 함장 등세창鄧世昌은 전속력으로 일본군 전함으로 돌진하라고 명령하였다. 결국 치원호는 어뢰 공격에 침몰하고, 200여 명의 병사는 희생될 수밖에 없다. 경원함經遠艦 함장 임영승林永升 역시 병사들을

미나상식 67 양무운동洋務運動

1860년대부터 1890년대까지 증국번曾國藩, 이홍장李鴻章, 좌종당左宗棠, 장지동張之洞을 대표로 하는 청 정부의 고위 관리들은 서방 자본주의국가의 생산 기술을 배우고 익혀 중국이 위기 상황에서 벗어나야 한다고 주장하는 '양무운동'을 전개하였다. 이들은 서방의 근대 과학기술을 도입하여, 강남제조국江南製造局, 복주선정국福州船政局과 각 성의 기기국機器局 등 근대적인 군사 · 민간 공업 관련 기관을 설립하였다. 이들은 또 유학생들을 파견해 기술을 익히게 하고, 군함도 구매하여 북양北洋 해군을 만들었다. 그러나 봉건적인 제도와 관료 기구의 부패로 인해 양무운동은 중국을 부강한 나라로 만드는 데 실패하였다. 그럼에도 불구하고 양무운동은 중국 자본주의가 발전하는 데 자극을 주었으며, 외국 경제 세력이 확장하는 것을 어느 정도 막아주는 긍정적인 역할을 하기도 하였다. 그러나 청일전쟁의 패배로 양무운동은 더 이상 진행되지 못하였다.

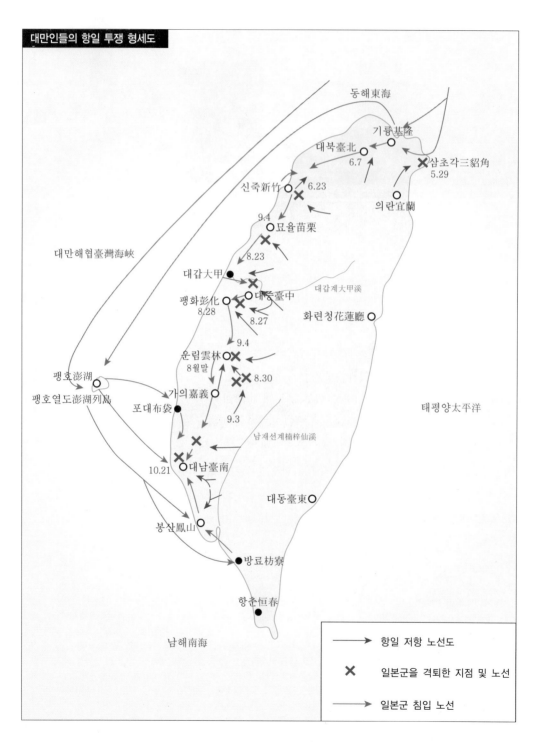

대만인들의 항일 투쟁 형세도

동해東海

기룽基隆

대북臺北
6.7

삼초각三貂角
5.29

신죽新竹
6.23

의란宜蘭

9.4

묘율苗栗

8.23

대갑大甲

대갑계大甲溪

팽화彰化
8.28

대중臺中
8.27

화련청花蓮廳

대만해협臺灣海峽

9.4

운림雲林
8월말

8.30

팽호澎湖

팽호열도澎湖列島

가의嘉義

포대布袋

9.3

태평양太平洋

남재선계楠梓仙溪

10.21

대남臺南

대동臺東

봉산鳳山

방료枋寮

항춘恒春

남해南海

	항일 저항 노선도
✕	일본군을 격퇴한 지점 및 노선
	일본군 침입 노선

이끌고 최후까지 전투를 벌였다. 몇 시간의 격전 끝에 북양수사는 심각한 손실을 입었고, 일본 군함 역시 적지 않은 피해를 입었다.

11월 일본군은 대련大連, 여순旅順을 점령하였고, 여순에서 대학살을 감행하였다. 그들은 4일 동안 무려 18,000여 명의 사람을 살해하였다.

1895년 1월, 청일전쟁은 청나라가 일본에 화친을 청하면서 청나라의 패배로 끝나고 말았다. 이 전쟁의 결과로 중국은 일본에게 은 2억 량을 배상하고, 요동遼東 반도와 대만臺灣 등을 일본에게 떼어주는 것을 주요 내용으로 하는 '마관조약馬關條約'을 맺었다. 러시아 등의 국가가 나서서 간섭을 하는 바람에 일본은 요동반도를 중국에게 반환하였고, 중국은 요동반도를 돌려받는 대가로 일본에게 은 3,000만 량을 지불하였다. 청일전쟁 이후 중국의 반식민지 상태는 더욱 심화되었다.

◀ 장지동張之洞
이홍장과 더불어 양무운동에 힘쓴 청말의 정치가이다.

▶ 이홍장李鴻章
쇠퇴해가는 청나라의 국력을 강화하기 위해 양무운동을 벌인 대표인물이다.

▼ 여순대학살
청일전쟁 당시 일본군은 무고한 중국인에게 대학살을 감행하였다.

미니상식 68 대만인들의 항일투쟁

'마관조약'이 체결된 후 대만 사람들은 항일투쟁을 벌이며 대만을 일본에게 떼어주는 것에 반대하였다. 유영복劉永福 등의 지도하에 대만인들은 반년 넘게 항일투쟁을 벌여 일본군 30,000여 명은 죽거나 부상을 당했다. 일본군이 강력한 병력을 동원해 결국 대만을 점령하긴 하였지만 그 후 수십 년 동안 대만인들의 항일투쟁은 계속되었다. 1945년 '포츠담 선언'에 근거해 반세기 동안 대만을 통치하던 일본은 대만을 떠날 수밖에 없었다.

무술변법
戊戌變法

1895년 '마관조약馬關條約'이 체결되었다는 소식이 북경北京에 전해졌다. 당시 북경에서 과거시험에 참가하고 있던 강유위康有 爲는 당시 같이 시험을 보던 1,300여 명과 함께 황제에게 일본과 화친하지 말고 변법變法을 시행할 것을 요구하는 상소문을 올렸다. 상소문은 비록 황제에게까지 전해지지 않았지만 유신변법維新變法 사상의 영향은 신속하게 확산되었다. 역사에서는 이를 '공거상서公車上書'라고 부른다.

▲ 광서황제光緒皇帝 상
무술년인 1898년 유신파를 등용하고 변법을 시행한 황제이다.

강유위는 중국의 위기 국면은 모두 부패한 제도와 낙후된 사상으로 인해 만들어진 것이라고 생각했다. '공거상서' 이후 그는 그의 학생 양계초梁啓超와 함께 신문을 창간하고, 강학회强學會을 조직하였으며, 옛 제도의 개혁을 주장하고, 유신변법의 새로운 사상을 선전하였다. 이러한 그의 활동은 전국적으로 나라를 구하자는 애국운동에 불을 지폈다.

무술년戊戌年인 1898년 광서황제光緒皇帝는 유신파를 등용하기로 결심하고, 전국적으로 변법을 시행하였다. 변법의 주요 내용으로 다음과 같은 것들이 있다. 첫째, 정치에 있어 옛 기구를 개혁한다. 둘째, 경제에 있어 공업과 상업을 보호하고 장려한다. 셋째, 교육에 있어 새로운 학교를 설립하고, 과거시험을 개혁하며, 서방의 과학기술·문화·사상 등을 배운다.

유신파의 주장과 조치는 자희태후慈禧太后를 대표로 하는 보수파들을 분노하게 만들었다. 자희태후가 광서황제를 폐위시키려 하자 유신파는 병권을 쥐고 있는 원세개袁世凱에게 도움을 청하였는데, 원세개

▲ 원세개袁世凱
유신파의 부탁을 받았으나 그들을 배신하여 무술변법이 실패하게 만든 사람이다.

▲ 강유위康有爲
옛 제도의 개혁을 주장하고, 유신변법의 새로운 사상을 선전하였다.

▲ 양계초梁啓超
강유위의 제자로 그를 도와 무술변법에 힘쓴 사람 중의 하나이다.

▲ 담사동譚嗣同
무술변법을 주장한 유신파의 중요 인물 중의 하나이다.

는 그들을 배신하고 말았다. 자희태후는 정변을 일으켜 광서황제를 연금시키고, 동시에 유신파 사람들을 잡아들이기 시작하였다. 강유위, 양계초는 국외로 도망을 갔지만 유신파의 중요 인물 중의 하나인 담사동譚嗣同은 도망갈 기회가 있었음에도 불구하고 도망가지 않았다. 그는 다음과 같이 말하였다고 한다. "변법을 시행하는 나라들 중 피를 흘리지 않은 나라는 없다. 그러나 중국에는 변법의 시행을 위해 피를 흘리는 사람이 아직 나타나지 않고 있다. 이래서 중국이 강해지지 못하는 것이다. 오늘 나부터 시작 하리라!" 얼마 안 있어 담사동, 강광인康廣仁 등 여섯 명은 살해당하였다. 역사에서는 이들을 '무술6군자戊戌六君子'라고 부르고 있다.

무술변법은 시작에서 실패까지 103일 밖에 걸리지 않았다. 그래서 '백일유신百日維新'이라고도 불린다.

미니상식 ⑥⑨ 자희태후

서태후西太后(1835~1908)라고도 불린다. 원래 청나라 함풍황제咸豊皇帝의 비였다. 1861년 함풍황제가 세상을 떠난 후 6세의 동치황제同治皇帝가 즉위하였다. 자희태후는 동치황제의 어머니 신분으로 수렴청정垂簾聽政(임금이 어린 나이로 즉위하였을 때 왕대비나 대왕대비가 정사를 돌보던 일)을 하며 국가의 대권을 쥐고 흔들었다. 1875년 동치황제가 병으로 죽자 5살인 광서황제가 즉위하였고, 역시 자희태후가 수렴청정을 하였다. 자희태후는 동치, 광서 시기의 실질적인 통치자였다.

의화단운동
義和團運動

▲ 의화단원
제국주의 세력에서 청나라를 구하기 위해 조직된 의화단의 무장한 단원들의 모습이다.

아편전쟁雅片戰爭 이후 외국 선교사들은 불평등 조약을 등에 업고 중국의 토지와 가옥, 사찰 들을 강제로 점유하면서 교회 세력을 확대해갔다. 교인과 일반 백성 사이에 갈등이 생길 경우 교회는 중국 법률을 무시하고 무조건 교인들을 비호하였다. 이러면서 외국 교회와 중국의 일반 백성들 사이의 갈등은 점점 더 첨예해졌다.

1898년 민간의 무술 조직인 의화권義和拳의 기초 위에 산동山東에서 반교회, 반침략을 주장하는 의화단운동이 벌어졌다. 의화단은 청나라 군대에 의해 강력 진압되었다. 1900년 산동山東, 하북河北 두 성의 의화단이 연합하여 북경北京을 향해 진군하자 이 애국운동에 백성들은 열렬한 지지를 보냈고, 이로 인해 의화단의 규모는 빠르게 성장하였다. 자희태후는 계속하여 의화단 세력을 진압하였다가는 자신의 통치가 위태로워질까 걱정도 되고, 또 의화단을 이용해 외국 세력에 대항하기 위해 잠시 의화단의 합법적인 지위를 인정해주었다. 의화단은 이렇게 하여 북경, 천진天津 지역으로 들어올 수 있었다.

의화단운동의 발전은 서구 열강 세력들을 당황하게 만들었다. 그들은 청나라 정부에게 의화단 세력을 진압하라고 요구하였고, 후에 청나라 정부가 이를 통제할 능력이 없어지자 직접 군대를 출동시키기로 결정하였다. 1900년 6월, 영국, 미국, 독일, 프랑스, 러시아, 일본, 이탈리아, 오스트리아 등 8개국으로 구성된 연합군은 북경으로 진입하였다. 청나라 정부는 열강들을 향해 선전포고를 하였고, 의화단은 8개국 연합군과 격렬한 전투를 벌였다. 그러나 청나라 정부의 항전 의지가 굳세지 않고, 의화단의 조직 역시 느슨했으며, 전투 방식과 무기까

▲ 북경으로 진격하는 8개국 연합군
청나라 정부는 이 열강들을 향해 선전포고를 하였고, 의화단도 이 8개국 연합군에 맞서 격렬히 싸웠다. 그러나 청 정부의 항전 의지가 굳세지 않아 북경은 곧 함락되었다.

지 낙후하여 결국 북경은 함락되고 말았다. 자희태후는 황제를 데리고 서안西安으로 피난을 떠났다. 8개국 연합군은 북경에서 건물을 불태우고 노략질을 하는 등 많은 죄악을 저질렀다.

청나라 정부는 열강과 화친하고자 끝내 의화단을 배신하고 외국 군대와 결탁하여 의화단을 와해시켰다. 1901년 열강들은 청나라 정부에게 '신축조약辛丑條約'을 체결하라고 강요하였고, 이때부터 청나라 정부는 제국주의 세력이 중국을 통치하는 데 필요한 도구가 되고 말았다.

미니상식 (70) 경자년의 배상금

'신축조약'의 규정에 의거해 청나라 정부는 8개국 연합군에게 전쟁 비용으로 은 4억 5천만 량을 39년에 걸쳐 갚아야 했다. 원금과 이자를 모두 합한다면 9억 8천만 량이나 되는 금액이었다. 8개국 연합군이 북경으로 진격해 온 해가 1900년이었고, 이 해가 경자년이었기에 이 거액의 배상금을 '경자년의 배상금'이라고 부르기도 한다.

손중산孫中山과
신해혁명辛亥革命

▲ 손중산孫中山
중화민국 초대 대총통으로
그의 유해는 남경 교외의
중산릉에 묻혔다.

1866년 11월 12일 손중산은 광동廣東 향산香山(지금의 중산中山)의 한 농민 가정에서 태어났다. 손중산은 어려서부터 홍수전洪秀全의 이야기 듣는 것을 좋아하였고, 청淸 정부에 반항하여 새로운 국가를 세운 이 영웅을 무척 숭배하였다고 한다. 12살 때 손중산은 하와이에 가서 서방의 과학 지식을 익혔다. 그때 손중산이 가장 즐겨 읽었던 책이 워싱턴과 링컨의 전기였다고 한다. 그는 이 책들을 읽으면서 국가와 민족을 위해 자신을 바칠 결심을 하였다고 한다.

1894년 손중산은 호놀룰루에서 화교들을 모아 반청反淸 혁명 단체인 흥중회興中會를 조직하였다. 1905년 손중산은 또 일본에 있는 혁명 단체의 회원 일부와 연합하여 전국 규모의 통일 혁명 정당인 '중국동맹회中國同盟會'를 창립하였다. 그는 이 조직을 통해 청나라 정부를 뒤엎고 자산계급 민주공화국을 건립할 뜻을 세운다. 또한 손중산은 그의 혁명 이상을 '민족民族, 민권民權, 민생民生'이라는 '삼민주의三民主義'로 개괄해냈다.

손중산과 혁명당원들은 몇 차례에 걸쳐 비밀리에 봉기를 시도하나 모두 실패하고 말았고, 그 결과 많은 혁명당원들이 생명을 내놓게 되었다. 1911년 4월 27일 광주廣州에서 봉기가 일어났다. 봉기가 일어나기 전 세계 각지의 화교들은 적극적으로 많은 돈과 물품을 지원하였다. 어떤 사람들은 광주로 와 중국 내의 혁명당원과 함께 '감사대敢死隊(죽음을 두려워하지 않는 무리)'를 조직하여 직접 봉기에 참가하기도 하였다. 봉기에 실패한 후 이 봉기 중에 죽은 72명을 광주 황화강黃花崗에 합장하였다. 이들의 정신은 중국 안과 밖에 있는 사람들에

▲ 무창봉기군 정부 유적지
무창봉기의 성공으로 청나라의 통치는 빠르게 붕괴되어 갔다.

▼ 광주 황화강 72 열사묘
반청 혁명으로 봉기하였다가 목숨까지 내놓은 72명이 이곳에 묻혔다.

게 계속하여 투쟁할 수 있는 힘을 주었다.

1911년 10월 10일 장기간 군대에서 혁명 활동을 벌이던 호북湖北의 혁명 단체 문학사文學社와 공진회共進會가 연합하여 무창武昌 봉기를 일으켰고, 이 봉기는 성공하였다. 무창봉기의 성공은 중국 각 지역의 혁명 운동에 불을 붙이는 역할을 하였다. 1개월여 동안 10여 개의 성이 독립을 선포하였고, 청나라의 통치는 빠르게 붕괴되어 갔다. 1911년은 신해년辛亥年이었기에 역사에서는 청나라 정부를 뒤엎은 이 혁명을 신해혁명으로 부르고 있다.

1911년 12월 손중산은 중국으로 돌아왔다. 그는 혁명에 지대한 공헌을 하였고, 또 혁명당원들 사이에서 신망을 받고 있었기에 임시 대총통 직위에 추대되었다. 1912년 1월 1일 손중산은 남경南京에서 취임 선서를 하였고 중화민국中華民國 임시 정부가 성립되었다.

중화민국이 성립된 지 얼마 안 되어 원세개袁世凱는 열강 세력들의 지지로 손중산을 밀어내고 임시 대총통의 자리를 빼앗았다. 이로써 정권은 부패한 북양北洋 군벌의 손에 넘어갔고 중국은 또 혼란에 빠지게 되었다. 북양 군벌에 대항하기 위해 1912년 8월 중국동맹회가 주축된 6개의 정치 단체가 북경에서 합병되었다. 여기서 손중산은 이 사장으로 추대되었다.

◀ 화교들이 봉기군의 군비를 모집하기 위해 발행한 증서
손중산은 경비를 마련하기 위해 중국상무공회中國商務公會의 명의로 이 증서를 발행하였다.

미니상식 71 추근秋瑾

절강浙江 소흥紹興 사람으로 중국 근대사에 있어 가장 유명한 여자 영웅이다. 그녀는 일본에 유학하고 있을 때 혁명당에 참가하였다. 추근은 주로 남장을 하고, 말을 타고, 검도를 연마하여 사람들이 '감호여협鑒湖女俠'이라 불렀다고 한다. 1907년 추근은 절강에서 봉기를 할 준비를 하다가 체포되어 희생되고 말았다.

5·4운동
五四運動

1918년 제1차 세계대전은 독일의 패전으로 끝났다. 1919년 영국, 프랑스, 미국 등은 파리에서 '파리 평화 회의'를 열었고, 중국은 전승국의 일원으로 이 회의에 참가하였다. 이 회의에서 중국 대표단은 독일의 수중에 있던 산동山東의 주권을 돌려달라는 제안을 하였다. 그러나 이 제안은 거절되었고, 열강은 독일이 산동에 가지고 있던 특권을 일본에게 넘기고, 중국 대표에게 이를 조인하라고 강요하였다.

▲ 5·4운동 때 쓰던 휘장
열강에 대응하던 학생들이 주로 사용했다.

이 소식이 전해지자 중국인들은 비분강개하였다. 1919년 5월 4일 북경대학北京大學을 포함하여 북경 소재 10여 개 대학의 학생들은 천안문天安門에서 집회를 열고, "우리 청도靑島를 돌려 달라!", "매국노를 때려잡자!" 등의 구호를 외치며 항의 시위를 벌였다. 분노한 학생들은 매국노 조여림曹汝霖의 집에까지 밀고 들어갔고, 마침 거기 와있던 주일駐日 공사公使 장종상章宗祥을 흠씬 패주고 조여림의 집에 불을 지르기까지 하였다. 북양 정부는 군경을 파견하여 이들을 진압하고, 30여 명의 학생들을 체포하였다.

둘째 날, 북경대 학생들은 수업을 거부하기 시작하였고, 그들은 거리에서 강연 및 선전 활동을 전개하였다. 산동, 천진天津, 상해上海 등지의 학생들 역시 잇달아 일어나 성원을 보냈다. 북양 정부는 1,000

미니상식 72 **북경대학**

북경대학의 전신은 경사대학당京師大學堂으로 1898년 개교하였다. 무술변법이 내세운 '새로운 정치'의 일환으로 설립된 이 대학은 중국 근대에 있어 국가가 세운 최초의 대학이다.

▶ 북경대학의 전신인 경사대학당의 교문 현판

▲ 북경 천안문 인민영웅 기념비의 5 · 4운동 부조

명에 가까운 학생들을 체포하였고, 이러한 조치는 더 많은 중국인들의 분노를 샀다. 6월, 상해의 공장 노동자들이 파업을 하고 학생들을 지원하기 시작하였다. 이어서 학생들의 수업 거부, 공장 노동자들의 파업, 상인들의 철시撤市 등의 행동이 전 중국을 뒤엎었다. 동시에 파리 평화 회의에 참가한 중국 대표단은 중국 각계각층 사람들이 보낸 수천 통의 조인 반대 요구 전보를 받았다. 6월 28일 프랑스에 거주하는 화교와 유학생들은 중국 대표단의 숙소를 에워싸고 그들에게 중국을 팔아먹는 조약에 서명하지 말 것을 요구하였다. 이처럼 강렬한 반대를 만난 북양 정부는 할 수 없이 구속되었던 학생들을 석방하고, 매국노인 조여림, 장종상, 육종여陸宗輿의 관직을 박탈하였다. 그리고 중국 대표단 역시 이 조약의 서명을 거절하여 '5 · 4운동'은 성공을 거둘 수 있었다.

5 · 4운동의 의의는 외교 방면에만 있었던 것이 아니었다. 이 운동이 발생하기 전 몇 년 동안, 민주적이고 과학적인 정신을 갖춘 신사상과 신문화가 북경대학을 중심으로 하는 지식계에 빠르게 전파되어 나갔었다. 5 · 4운동 이후에는 새로운 정치 역량이 맹아를 보이기 시작하였고, 이로써 중국 사회는 새로운 단계에 진입하게 된 것이다.

미니상식 (73) 신문화운동新文化運動

1915년 진독수가 창간한 『청년잡지青年雜誌』 발간사인 「청년들에게 삼가 고함敬告青年」이란 문장에서 '인권, 평등, 자유' 사상을 뚜렷이 내세우면서 신문화운동은 시작되었다. 『청년잡지』는 제2호부터 『신청년新青年』으로 이름을 바꾸었다. 당시 중국의 지식인들은 모두 모여 『신청년』에서 민주와 과학적 정신을 제창하고, 중국의 봉건사상을 비판하면서 맹렬하게 사상계몽운동을 전개하였다. 진독수 외에 신문화운동의 대표인물로는 이대교李大釗, 호적胡適, 채원배蔡元培, 노신魯迅 등이 있다.

◀ 진독수
(1879~1942)

◀ 호적
(1891~1962)

◀ 노신
(1881~1936)

중국 공산당의 탄생

1917년 러시아에서 '10월 혁명'이 일어나 세계 최초 사회주의 국가가 건립되었다. 당시 신문화운동을 전개하고 있던 중국 지식계는 봉건적인 옛 사상을 타파하고, 세계로 눈을 돌려 다른 나라의 변혁 상황에서 중국을 구할 수 있는 길을 찾고자 하는 중이었다. 그래서 당시 중국 지식인들은 10월 혁명의 승리와 사회주의 사상에 관심을 갖게 되었다.

1919년 공장 노동자 출신들은 5·4운동에 적극적으로 참여하였고, 이들은 승리를 이끌어 내는 데 지대한 공헌을 하였다. 이 일로 인해 중국 사회는 노동 계급의 역량을 알 수 있었다. 운동이 끝난 후 많은 지식인들은 어떻게 중국을 개조할 것인가에 대해 대토론을 벌였다. 많은 지식인들은 마르크스주의를 중심사상으로 하고, 무산계급에 의지하며, 혁명의 방식을 통해 옛 제도를 타파하고, 새로운 사회를 건

▲ 모택동 毛澤東
중국 공산당 창당 대회에 참가했을 당시의 모습이다.

◀ 가흥 남호의 유람선
5·4운동 이후 전국 각지의 지식인 대표들은 경찰의 수사와 감시를 피해 이곳에서 회의를 진행한 후 중국 공산당을 탄생시켰다.

▶ 일대회지一大會止
중국 공산당 제1차 전당대회 개최지로 상해에 있으며, 당시의 사료와 문헌 등이 전시되어 있다.

설해야한다고 주장하였다. 전국 각지에서, 그리고 해외 유학생들 사이에서 마르크스주의를 연구하고 선전하는 잡지와 조직들이 생겨났다. 이러한 지식인들 중 가장 눈에 띄는 이들로 북경대학 교수 이대교李大釗, 진독수陳獨秀와 호남湖南 『상강평론湘江評論』의 주간 모택동毛澤東, 천진天津 남개대학南開大學 학생대표 주은래周恩來 등이 있었다.

1921년 7월 23일 전국 각지에서 온 10여 명의 대표가 상해上海에서 비밀리에 중국 공산당 회의를 소집하였다. 회의가 30일 동안 계속되었을 때 회의장에 경찰의 수사와 감시가 시작되었다. 안전을 위해 대표들은 상해를 떠나 가흥嘉興 남호南湖의 한 유람선으로 자리를 옮겨 회의를 계속 진행시켰다. 이 회의가 끝난 후 중국 정치 무대에 새로운 세력인 중국 공산당이 등장하였다.

미니상식 ⑦④ 이대교

자는 수상守常이다. 북경대학 경제학과 교수이면서 도서관 주임이었고, 『신청년新青年』의 편집인이기도 했다. 그는 중국 최초의 마르크스주의자로 중국 공산당 창시자 중의 한 명이기도 하다. 1920년 북경에서 공산당의 초기 조직을 만들었고, 중국 공산당이 탄생된 후 그는 북방 지역당을 담당하였다. 제1차 국공합작國共合作 시기에는 손중산이 러시아와 연합하고, 공산당과 연합하고, 농민과 공장 노동자 지지하는 3대 정책을 확정하는 데 도움을 주었고, 국민당의 개편 작업에 중요한 역할을 하였다. 1927년 4월 6일 군벌 장작림張作霖에게 체포되어 28일 북경에서 희생되었다.

황포군관학교
黃埔軍官學校

1920년대 초 중국 공산당은 북양 군벌과 제국주의의 중국 통치를 뒤엎기 위해 손중산孫中山이 지도자로 있는 국민당과 합작을 하였다. 1924년 1월 중국 국민당 제1차 전국 대표대회가 광주廣州에서 소집되었고, 이대교李大釗, 모택동毛澤東 등의 공산당원도 그 회의에 참가하여 제1차 국공합작이 정식으로 이루어졌다.

국공합작 이후 군사 방면의 인재를 배양하고 혁명 무장 역량을 세우기 위해 손중산은 소련과 중국 공산당의 도움을 받아 광주에 육군군관학교인 황포군관학교를 설립하였다.

황포군관학교의 교장은 장개석蔣介石이 맡았고, 주은래周恩來 등의 많은 공산당원들 역시 중요한 직책을 부여받았다. 군관학교에 입학한 학생들은 주로 군사와 정치 방면의 학습을 받았다. 정치 교육을 중시하여 학생들의 애국정신과 혁명사상을 배양하는 것이 기존의 다

▼ **황포군관학교의 입학식**
앞줄 정가운데에서 입학식을 주관하고 있는 사람이 손중산이고, 앞줄 우측에서 네 번째가 교장 장개석이다.

른 군관학교와 근본적으로 다른 점이었다. 군사 교육에 있어서는 주로 당시 소련의 최신 군사 이론과 기술을 채용하여 학과를 분리하여 훈련을 하였다.

1924년부터 1927년까지 황포군관학교는 6기 총 12,000여 명의 졸업생을 배출하였다. 졸업생들 중에서 우수한 군인과 정치가가 많이 나왔으며, 그들 중 많은 사람들이 국민당과 공산당의 고위 장교가 되었다. 황포군관학교는 최초의 근대화된 군사학교로 중국 혁명에 지대한 공헌을 하였다.

미나상식 (75)　홍콩, 광주 지역의 대파업

국공합작 시기 중국 남방에서는 혁명의 기운이 고조되고 있었다. 1925년 6월 광주, 홍콩의 공장 노동자들은 제국주의 영국에 반대하여 대파업을 감행하였다. 이 파업은 참가 노동자 25만 명, 파업 기간 16개월에 이르는 대파업이었다.

북벌전쟁
北伐戰爭

1924년 국공합작이 이루어진 후 국민당과 공산당 두 당은 광주를 혁명 기지로 삼고 북벌을 진행할 준비를 하였다. 북벌의 목적은 군벌을 타도하고, 제국주의 국가들의 중국에 대한 군사 및 정치적 통제를 깨뜨리려는 데 있었다.

1925년 국민당은 광주에서 광동廣東 국민정부를 세웠다. 1926년 국민정부는 정식으로 북벌을 결정하였다. 북벌전쟁을 전력으로 지지하기 위해 중국 공산당은 노동자와 농민 속으로 파고 들어가 선전과 조직 작업을 적극적으로 시행하여 광범위하고 튼튼한 대중 기반을 마

▼ 무한 군중들이 북벌의 승리를 경축하고 있다.

련하였다.

 1926년 7월 국민당과 공산당이 합작한 광동혁명군은 북벌을 개시
하였다. 북벌군은 우선 호남湖南의 성도인 장사長沙를 점령하였다.
그리고 이어 무한武漢으로 곧장 밀고 올라갔다. 상대는 무한 주위의
지세가 험준한 곳을 선택하여 방어하였다. 열심히 싸운 북벌군 중 특
히 엽정葉挺이 이끄는 공산당원을 주력으로 하는 제4군 독립단은 용
감무쌍하게 최전선에서 적진으로 돌진해 제4군으로부터 '강철군대'
란 칭호를 얻을 정도였다. 북벌군은 방어선을 뚫고 장강長江을 건너
무한을 점령하였다. 1927년 3월 중순, 주은래周恩來는 상해上海의
공장 노동자를 이끌고 무장 봉기하였고, 덕분에 북벌군은 순조롭게
상해로 들어올 수 있었다. 3월 하순 북벌군은 남경南京을 점령하였
다.

 국민당과 공산당이 합작한 북벌전쟁은 전 중국 인민들의 열화와 같
은 지지를 얻었다. 1년이 채 안 되는 시간에 북벌군은 장강 이남의 대
부분 지역을 점령하였고, 군벌 세력에게 큰 타격을 주었다. 이로부터
국민 혁명의 불꽃이 타오르기 시작하였다.

◀ 제4군 독립단
북벌전쟁 당시 엽정이 이끈
제4군 독립단은 최전선에
서 적진으로 돌진해 '강철
군대'라는 칭호를 얻었다.

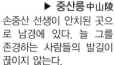

▶ 중산릉中山陵
손중산 선생이 안치된 곳으
로 남경에 있다. 늘 그를
존경하는 사람들의 발길이
끊이지 않는다.

미니상식 **76** 손중산孫中山의 서거

1925년 3월 12일 손중산 선생이 북경에서 서거하였다. 북벌전쟁 승리 후 국민정부는 중산 선생의 생전 소원
대로 그의 유체를 남경으로 운반하였고 1929년 중산릉에 안장하였다.

남창봉기
南昌蜂起

북벌전쟁의 승리는 군벌과 제국주의의 중국 통치에 타격을 가하였다. 그러나 형세가 변해감에 따라 공산당을 적대시하며 국공합작을 깨려는 국민당 정권의 진면목이 드러나기 시작하였다. 1927년 4월 12일 장개석蔣介石은 상해上海에서 정변을 일으켰는데, 이로 인해 300여 명의 공산당원과 군중들이 살해당하였고, 500여 명이 체포되었으며, 이 외에 수천 명이 실종되었다. 이어서 광동廣東, 강소江蘇, 절강浙江, 호남湖南 등에서 공산당원을 살해하는 참극이 벌어졌다. 장개석은 이런 일련의 사건 이후 남경南京에 국민정부를 건립하였다. 7월 15일 왕정위汪精衛를 우두머리로 하는 무한武漢의 국민정부도 대규모로 공산당원을 체포하고 살해하였다. 이로써 제1차 국공합작은 깨지고 백색테러(반동정치 아래에서 반혁명·반폭력들이 행하는 대규모의 살상 체포 행위) 국면이 출현하였다.

이처럼 위급한 형세를 맞아 공산당원들은 1927년 8월 1일 주은래周恩來, 하룡賀龍, 엽정葉挺, 주덕朱德, 유백승劉伯承 등의 주도하에 남창봉기를 일으켰다. 네 시간 여의 격렬한 전쟁 끝에 봉기군은 국민정부 군대를 물리치고 남창을 점령하였다.

남창봉기에 놀란 국민정부의 장개석은 군대를 이끌고 남창으로 향

▲ 주덕 朱德
공산당원인 그가 남창봉기의 주역으로 활동할 당시의 모습이다.

▲ 남창봉기 당시 주덕이 사용하였던 권총과 하룡이 사용하였던 회중시계이다.

미니상식 ⑦ 8·7회의八七會議

1927년 8월 7일 중국 공산당 중앙은 회의를 소집하여 이전의 국민당에게 유약하게 양보하였던 잘못을 바로잡고, 토지혁명과 국민당에 대한 무장 방침을 천명하였다. 이 전당대회는 공산당 혁명에 있어 새로운 방향을 제시해 준 중요한 회의였다.

▲ 「남창봉기」
국공합작이 깨지자 주은래, 하룡, 엽정, 주덕 등의 주도하에 공산당원들은 남창에서 봉기하였다.

했고, 봉기군은 남창에서 철수하여 광동廣東으로 향하였다. 이들은 광동의 혁명 근거지를 다시 재건하려 하였으나 이 역시 국민당의 포위 공격으로 인해 실패하고 말았다.

남창봉기는 국민당 정부에 무장 반항한 첫 번째 사건으로, 이 사건 이후 중국 공산당은 자신의 군대를 설립하여 스스로 혁명을 주도하고, 정권을 무장 탈취하는 새로운 노선을 걷기 시작하였다.

▲ 천안문 인민영웅기념
비의 남창봉기 부조

25,000리
대장정

남창봉기 후 모택동毛澤東은 무장봉기를 주도하고 강서江西의
정강산井岡山에 최초의 혁명 근거지를 마련하였다. 그 후 공산
당이 이끄는 혁명 근거지는 끊임없이 확대되었고, 농민들의 지지와
성원을 얻었다.

1930년부터 1932년까지 국민정부는 군대를 소집하여 네 차례에
걸친 대규모 공산당 소탕 작전을 벌였다. 공산당이 이끄는 홍군紅軍

▲ **모택동**毛澤東
25,000리 대장정 당시 섬
북 지역에서의 모습이다.

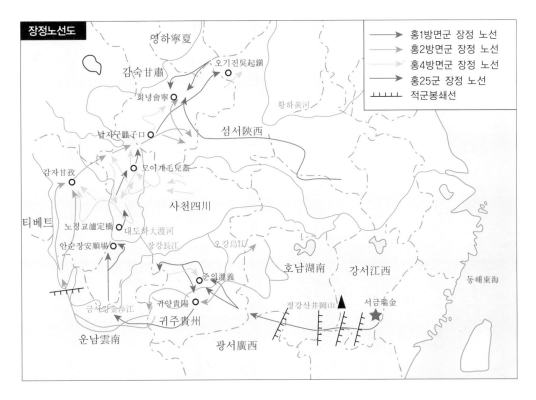

장정노선도

영하寧夏

감숙甘肅

오기진吳起鎭

회녕會寧

황하黃河

남자구臘子口

섬서陝西

감자甘孜

모야개毛兒蓋

사천四川

티베트

노정교瀘定橋

대도하大渡河

안순장安順場

장강長江

오강烏江

호남湖南

강서江西

동해東海

준의遵義

금사강金沙江

귀양貴陽

정강산井岡山

서금瑞金

운남雲南

귀주貴州

광서廣西

홍1방면군 장정 노선
홍2방면군 장정 노선
홍4방면군 장정 노선
홍25군 장정 노선
적군봉쇄선

▲ 준의회의 개최지
대장정 당시 모택동은 이곳에서 당과 홍군의 지도자로 추대되었다.

▲ 홍군이 통과한 수초지 약이개若爾蓋
이 수초지는 곳곳에 까맣게 변한 물웅덩들이 있어, 한 번 잘못 밟으면 빠져나올 수 없었다고 한다.

은 공산당 근거지 인민들의 지지를 받아 국민당의 소탕작전에 대응해 나갔다. 1933년 장개석蔣介石은 100만의 군대를 소집하여 다섯 번째 소탕작전을 개시하였다. 당시 공산당 중앙지도부가 전투 중 심각한 실수를 저질러 홍군은 다섯 번째 소탕작전을 저지하는 데 실패하고 말았다. 1934년 10월 홍군이 국민당 군대에 쫓겨 복건福建, 강서江西에 있는 근거지에서 철수하여 서쪽으로 포위망을 뚫고 나가면서 장정은 시작되었다.

장정 초기에 홍군은 절반이 넘는 인원을 잃고 말았다. 이런 위급한 형세에 처한 공산당 중앙은 1935년 1월 귀주貴州 준의遵義에서 회의를 소집하여 잘못을 바로잡고, 모택동을 당과 홍군의 지도자로 추

◀ 대도하 옆에 새겨진 홍군 병사의 모습

대하였다. 준의회의의 결정은 가장 위급한 상황에서 홍군과 공산당, 그리고 중국의 혁명을 구해낸 것이었다.

준의회의 이후 홍군은 주동적으로 전쟁을 벌여 많은 승리를 얻어낼 수 있었다. 적수赤水를 네 번이나 건넌 일, 대도하大渡河를 건넌 일, 노정교瀘定橋를 전격적으로 탈취한 사건 등은 국민당 정부의 포위 공격을 무너뜨린 사건들이다. 장정의 길은 무척이나 험난하였다. 홍군은 눈 덮인 산을 오르고, 초원을 지났으며, 식량이 없으면 풀과 나무껍질을 씹으면서 보통 사람이 상상하기도 힘든 어려움을 극복해 나갔다. 1935년 10월 중앙 홍군이 섬북陝北 오기진吳起鎭에 도착하여 유지단劉志丹이 이끄는 섬북 홍군과 합류하였다. 1936년 10월 홍군의 삼대 주력 부대가 회녕會寧 등의 지역에서 합류하면서 25,000리에 이르는 장정은 끝나게 된다.

미니상식 (78) 대도하를 넘은 홍군

대도하는 물이 깊으면서 물살이 세고, 지세 또한 몹시 험준하다. 1863년 태평천국太平天國의 익왕翼王 석달개石達開는 군대를 이끌고 가다 이곳에서 청나라 군대의 협공을 받아 죽고 말았다. 72년 후 홍군이 이곳에 도착하였다. 국민당은 군대를 보내 모택동을 '제2의 석달개'로 만들고자 하였으나 모택동이 이끈 홍군은 국민당 군대를 무찌른 후 대도하를 넘는 데 성공하였다.

9 · 18사변
九一八事變

1930년대, 중국 곳곳에 다음과 같은 노래가 울려 퍼졌다. "9 · 18, 9 · 18, 그 비참한 때 나는 고향을 떠났다네……." 과연 9월 18일은 무슨 날이었을까?

19세기 후기부터 일본은 침략을 위한 전쟁을 자주 일으켰고, 또 대만에도 무장 점령하였다. 그러나 일본은 이 정도로 만족하지 못하였다. 20세기 일본은 외국으로의 무력 확장을 준비하였고, 그 주된 목표는

▼ 심양성 내로 침입해 사격 준비를 하고 있는 일본군의 모습이다.

중국이었다. 중국의 동북3성東北三省(흑룡강黑龍江, 길림吉林, 요녕遼寧
이 3성의 합칭)을 차지하기 위해 일본은 '9·18 사변'을 일으켰다.

1931년 9월 18일 밤, 심양瀋陽 부근의 일본군은 유조호柳條湖라
고 하는 곳의 철로를 폭파시키고는 도리어 중국군이 철로를 파괴하
고 일본군을 습격하려 했다며 동북군 대진지와 심양에 기습 공격을
가하였다. 동북군의 피해는 심각하였고, 하룻밤 만에 일본은 심양을
점령하였다.

'9·18 사변'이 발생하였을 때 국민당 정부는 공산당 소탕에 정신
이 없었다. 장개석蔣介石은 동북군 지휘관인 장학량張學良에게 일본
에 저항하지 말라고 재삼 명령하였다. 장개석은 지금 일본에게 저항
하면 일이 커지니 지금은 일본과 싸울 때가 아니라고 주장하며, 공산
당이야 말로 가장 큰 적이라고 하였다고 한다. 그래서 중국 군대는 일
본에 저항하지 않았고, 일본군은 4개월 만에 손쉽게 동북3성을 점령
할 수 있었다.

통치를 공고히 하기 위해 일본은 동북3성에 '만주국滿洲國'을 건
립한 뒤 이미 퇴임한 청나라의 마지막 황제 부의溥儀를 꼭두각시 황
제로 앉혔다. 그러나 실질적인 권력은 일본이 잡고 있었다. 일본의 침
략과 통치는 그곳 인민들의 격렬한 반항을 야기했고, 그 많은 인민들
은 어려운 상황을 무릅쓰고 일본과의 투쟁에 나섰다.

미니상식 (79) 마지막 황제

▲ 만주국 황제 부의(왼쪽에서 여섯 번째)와 일본군
사령관(왼쪽에서 다섯 번째) 등의 합동 사진.
◀ 서 있는 아이가 두 살 때의 부의이고, 안겨 있는
아이가 동생 부걸溥杰이다.

부의(1906~1967)는 만
주족으로 성은 애신각라
愛新覺羅이다. 1908년 광
서황제光緖皇帝가 죽은
후 채 3살이 되지 않은 부
의는 선통황제宣統皇帝라
는 이름으로 황제 자리에
올랐다. 1912년 중화민국
의 성립으로 얼마 안 있어
부의는 퇴위하고, 청나라
는 멸망하였다. 부의는 중
국 2,000여 년 봉건사회
의 마지막 황제였다.

서안사변
西安事變

▲ 장학량張學良과 양호성楊虎城
서안사변이 일어나기 전 날의 모습이다. 이 둘은 끊임 없이 항일투쟁을 주장하였다.

일본군이 동북3성을 점령한 후 계속 사건을 일으키며 화북華北 지역을 침공하려 했다. 중국 인민들은 정부에게 내전을 중지하고, 일본의 침략을 막을 것을 요구하였다. 그러나 장개석蔣介石은 먼저 공산당을 소탕한 후 일본 침략을 막는다는 정책을 고수하였다.

1936년 장개석은 서안西安에 가서 장학량張 學良과 양호성楊虎城 두 장군에게 공산당 소탕을 계속할 것을 요구하였다. 자신의 고향인 동북3성을 잃은 장학량은 장개석에게 계속하여 항일전쟁을 벌일 것을 요구하였고, 심지어는 울면서까지 내전을 중지하라고 호소하였다. 그러나 장학량은 장개석에게서 심한 꾸지람을 들을 뿐이었다. 장학량과 양호성은 장개석에게 아무리 권해도 소용없음을 알고 다른 방법을 강구할 수밖에 없었다.

12월 9일 서안의 대학생들은 거리에서 유세를 하며 집회를 열었다. 그들은 장개석이 머물고 있는 곳을 향하여 행진하면서 "공산당 소탕을 중지하고, 다 함께 항일투쟁에 나서자"고 요구하였다. 장개석은 격노하여 장학량에게 군대를 파견해 학생들을 물러서게 하라고 명령하였고, 만약 학생들이 말을 듣지 않는다면 총을 쏴도 좋다고 하였다. 장학량은 학생들을 동정하고 있었기에 학생들이 있는 곳으로 가서 그들

▲ **장개석과 양호성, 장학량**(앞줄 왼쪽부터 차례대로)
서안사변이 평화적으로 해결된 후의 모습이다.

에게 우선 돌아가라고 적극적으로 권하였다. 그리고 모든 사람들의
애국 열망을 저버리지 않을 것이라고 자신의 목숨을 걸고 보장한다고
말하였다. 그날 저녁, 장학량은 장개석에게 학생들의 요구대로 다시
항일투쟁에 나설 것을 간절히 부탁하였으나 장개석은 이를 여전히 거
부하였다.

12월 12일 밤, 장학량과 양호성은 쿠데타를 일으켜 장개석을 감금
하였다. 서안사변이 일어난 후 장학량과 양호성의 요청에 응해 공산
당은 주은래周恩來를 서안에 파견하여 이 문제를 해결할 방법을 논의
하였다. 갖은 노력 끝에 장개석은 내전을 중지하고, 항일투쟁에 나서
기로 합의하였고, 이로써 서안사변은 평화적으로 해결되었다.

미니상식 (80) 장학량과 양호성

서안사변이 평화롭게 해결된 후, 자신의 충성을 표시하기 위해 장학량은 직접 장개석을 모시고 남경南京으로
갔다. 장학량은 여기서 연금되어 자유를 잃게 된다. 양호성 역시 후에 장개석에게 암살당하고 만다. 이 두 장
군은 민족이 위기에 빠졌을 때 항일전쟁에 지대한 공헌을 하였다. 이에 주은래는 후에 이 둘을 높이 사 '천고
의 공신千古功臣'이라 칭했다.

7·7사변
七七事變

▲ '노구효월盧溝曉月' 비석
7·7사변이 있었던 노구교에 있는 비석으로 이제는 북경의 유명한 명승지가 되었다.

중국 전체를 손에 넣기 위해 일본은 '7·7사변'을 일으켰다. 1937년 7월 7일 밤, 북평北平(지금의 북경北京) 교외 노구교盧溝橋 일대에 주둔하던 일본군은 군사 연습을 실시하였다. 군사 연습이 끝난 후 일본군은 병사 한 명이 실종되었다는 것을 핑계와 노구교 부근에 있는 완평성宛平城에서 총소리가 들린 것 같다는 핑계로 완평으로 들어와 조사를 하려 하였다. 중국 수비군은 이를 거절하였고, 그러자 일본군은 노구교를 포격하고 완평성을 향해 진격하였다. 이에 맞서 노구교를 수비하던 중국군 100여 명 중 단 4명만이 살아남고 모두 전멸하고 말았지만 결국 일본군의 침략을 막아내었다. 이 사건은 노구교에서 벌어졌기에 '노구교사변'이라고도 부른다.

'7·7사변' 후 중국 공산당은 "평진平津(북평과 천진天津)이 위급하다! 화북華北이 위급하다! 중화민족이 위급하다!"란 내용의 전보를 쳐 "전 중국 인민이 항전에 임해야만 살 길이 생긴다"라고 호소하였다. 중국 각계각층의 사람들, 또 해외 화교들까지도 집회를 열어 항일

미니상식 ⑧1 노구교

노구교는 북경의 서남쪽에 있으며, 1192년 축조되었다. 길이 265미터, 너비 8미터이고, 11개의 돌아치로 이루어져 있다. 다리 옆에는 돌난간이 있고, 그 위에 485개의 정교하게 조각된 돌사자가 있다. '노구효월盧溝曉月'은 북경의 유명한 명승지이다.

▲ **홍군 기병부대**
황하를 건너 일본과 맞서 싸울 준비를 하고 있는 7·7사변 당시의 모습이다.

전쟁을 벌일 것을 정부에 요구하였다. 많은 도시에 '항일전쟁 후원회'가 조직되었고, 이들은 많은 돈과 물건을 모아 항일전선에 보내주었다.

이러한 상황을 맞은 장개석蔣介石은 담화를 발표하여 항일전쟁을 벌일 결심을 하였음을 보여주었다. 국민당과 공산당은 담판을 통해 공산당이 이끄는 홍군의 주력부대를 국민혁명군 제팔로군第八路軍으로 개편하여 화북으로 파견해 항일투쟁을 벌이기로 결정하였다. 다른 홍군은 신사군新四軍으로 개편되었다. 9월 국공합작이 발표되면서 중국 전역은 항일 민족통일 전선이 정식으로 형성되었다.

미니상식 ⑧ **8·13사변八—三事變**

7·7사변 발발 한 달여 만인 1937년 8월 13일, 일본군은 대포 소리와 함께 갑자기 상해上海를 맹렬하게 공격하기 시작하였다. 중국군이 이에 맞서 싸우면서 송로淞瀘 전투가 발발하였는데 이를 '8·13사변'이라 한다.

평형관대첩
平型關大捷

1937년 홍군紅軍은 팔로군八路軍으로 개편한 후 즉각 화북華北 지역으로 달려가 전쟁에 참가하였다. 1937년 9월 화북의 일본군은 산서山西로 진입한 뒤 정예 부대를 파견하여 안문관雁門關 등 장

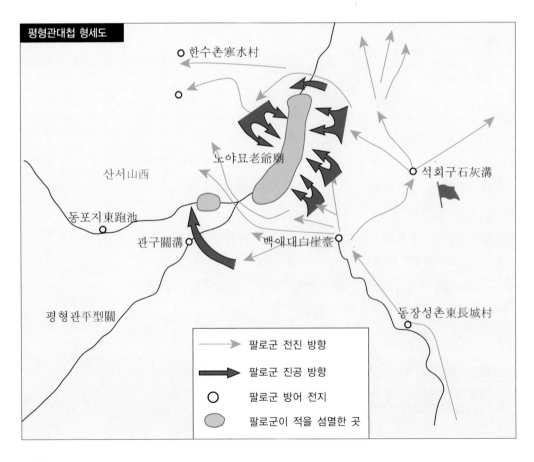

평형관대첩 형세도

한수촌寒水村

노야묘老爺廟

산서山西

동포지東跑池

석회구石灰溝

관구關溝

백애대白崖臺

평형관平型關

동장성촌東長城村

→（가는 화살표）	팔로군 전진 방향
→（굵은 화살표）	팔로군 진공 방향
○	팔로군 방어 전지
▨（회색 영역）	팔로군이 적을 섬멸한 곳

성長城의 관문을 공격해 태원太原을 빼앗으려 하였다.

국민정부는 태원에 모여 싸울 것을 결정하였고, 임표林彪, 섭영진聶榮臻 은 팔로군 115부대를 이끌고 산서山西로 와 함께 전쟁을 하였다. 평형관은 지세가 험준하고, 진북晉北으로 가는 교통의 요지였다. 115 부대는 평형관의 지세를 이용하여 9월 25일 매복을 하고 있다가 일본군 1,000여 명을 섬멸시키고, 대량의 군용 물자를 포획하였다. 이 전투는 항일전쟁 시작 후 중국군이 거둔 최초의 승리였다. 평형관대첩으로 일본군을 이길 수 없다는 신화는 깨어졌고, 태원을 탈취하려던 일본군의 계획 역시 좌절시킬 수 있었다. 그리고 흔구忻口에서 함께 싸울 것을 준비하던 국민당 군대를 지원해주었고, 중국 인민들에게 항일전쟁의 승리에 대한 자신감을 불어 넣어 주었다.

미니상식 (83) 팔로군

7·7사변이 벌어진 후 국민당과 공산당은 함께 항일전쟁을 벌였다. 1937년 8월 22일 국민정부는 홍군의 주력부대를 국민혁명군 제팔로군으로 개편한다고 선포하였고, 이 부대를 간략하게 '팔로군' 이라 불렀다. 팔로군 산하에는 제115부대, 제120부대, 제129부대 등 세 개 부대가 있었는데, 주덕朱德이 총사령관을 맡았고, 팽덕회彭德懷가 부사령관을 맡았다.

남경대학살
南京大虐殺

1937년 11월 12일 일본군은 상해上海를 침략한 후 당시 중국의 수도였던 남경南京을 공격 목표로 삼았다. 12월 13일 오전, 마쓰이 이와네松井石根를 사령관으로 하는 일본군인들이 국민정부를 점령하고 남경을 함락시켰다. 일본군은 극악무도한 방법으로 남경 주민 및 무장을 해제시킨 군인들에게 6주에 걸쳐 피비린내 나는 학살을 자행하였다.

일본군은 남경 하관강下關江, 초혜협草鞋峽, 매탄항煤炭港, 상신하上新河, 연자기燕子磯, 한중문漢中門 등의 지역에서 집단으로, 혹은 분산하여 학살을 자행하였다. 학살을 벌인 후 일본군들은 시체를 강에 던져 버리거나, 불에 태우거나, 집단으로 매장하여 그 흔적을 없앴다. 조사에 의하면 일본군에게 학살당한 사람들은 모두 30만 명 이상

▼ 학살을 자행하는 일본군
1937년 일본군은 당시 중국의 수도였던 남경에서 30만 명 이상의 중국인을 죽이는 대학살을 행하였다.

▼ 국민정부 문 앞에서 입성식을 거행하고 있는 일본군

▲ 남경대학살기념관
중국인들은 세계 문명사에 어두운 한 페이지를 남긴 남경대학살을 잊지 않기 위해 이 기념관을 세워 당시의 흔적을 보존하고 있다.

이라고 한다. 이들은 목을 베고, 칼로 찌르고, 총을 쏘고, 생매장하고, 불에 태워 죽이는 등 갖은 방법을 다 사용하여 중국 사람들을 죽였는데, 심지어는 '살인시합'까지 벌였다고 한다. 일본군의 침략으로 평화로웠던 남경은 순식간에 인간 지옥으로 변해버리고 말았다. 일본군이 남경에서 저지른 행위는 현대 세계 문명사에 어두운 한 페이지를 남겼다.

▲ 남경대학살 때의 처형지 중의 한 곳이다.

　1945년 8월 15일 일본은 무조건 항복하였다. 중국 군사법정(1946년 12월 설립됨)과 동경東京 군사법정은 모두 남경대학살에 대해 엄격한 조사와 심리를 벌이고 재판까지 하였다. 그 결과 단체 학살 28건, 분산 학살 858건이 있었다는 것이 드러났다. 동경 군사법정은 도죠 히데키東條英機 등 28명의 일본 1급 전쟁범죄자를 심판하였다. 이로써 국제 사회는 일본군이 저지른 남경에서의 대학살이 확실히 존재하였던 사건임을 알 수 있었다.

대아장전투
台兒莊戰鬪

| 대 아장전투는 국민당 군대가 서주徐州를 지키기 위해 벌였던 외
곽 전투이다. 서주에서 동북쪽으로 약 50킬로미터 밖에 있는 대

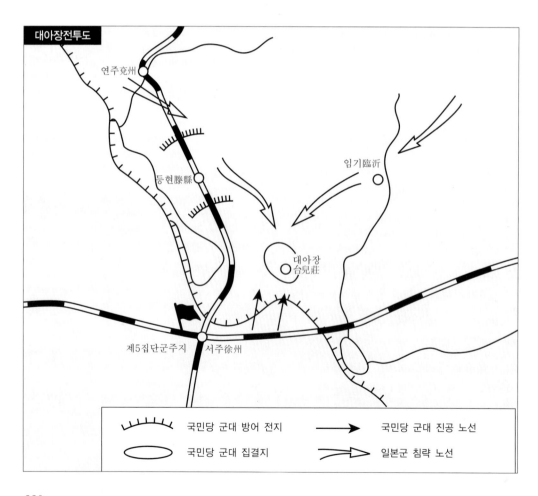

대아장전투도

연주兗州

등현滕縣

임기臨沂

대아장
台兒莊

제5집단군주지 서주徐州

| 国民党 군대 방어 전지 | 国民党 군대 진공 노선 |
| 国民党 군대 집결지 | 일본군 침략 노선 |

아장은 진포로津浦路와 가까이 있는 동시에 운하가 만나기도 하는 전략적 요충지이다.

1937년 12월, 일본군은 남경南京을 점령한 후 진포로를 확보하여 남북 전쟁터를 연결시키기 위해 우선 서주를 점령하기로 결정한다. 1938년 봄, 일본군은 산동山東에서 두 갈래로 나누어 서주로 진격해 왔다. 국민정부 제5전구 사령관 이종인李宗仁은 중국 군대를 지휘하여 두 갈래로 쳐들어오는 일본군을 산동 임기臨沂와 대아장에서 막아냈다.

대아장전투에서 지봉성池峰城 사단장은 중국 군대를 이끌고 보름이나 버티면서 일본군 주력 부대를 대아장 부근까지 끌어들였다. 이종인은 대량의 병력을 불러 모은 뒤 일본군을 포위하여 협공을 감행하였다. 이로써 일본군 10,000여 명을 전멸시키고, 일본군 탱크 30여 대를 파괴하였으며, 대량의 무기를 포획하였다. 이 전투는 항일전쟁 이후 중국군이 전면전에서 거둔 최대의 승리이다. 대아장전투로 인해 일본군은 심한 타격을 입었고, 중국인들의 항일전쟁에 대한 자신감은 높아졌다.

◀ 이종인李宗仁
대아장전투에서 일본군을 포위하여 항일전쟁 이후 최대의 승리를 거둘 수 있게 이끈 그는 1948년에 당시의 국민정부 부총통으로 당선되었다.

미니상식 84 이종인

1891년 광서廣西 계림桂林에서 태어나 후에 계계군벌桂系軍閥의 우두머리가 되었다. 1948년 당시의 국민정부에서 부총통으로 당선되었고, 장개석蔣介石 하야 후 총통직을 대신하였다. 중화인민공화국 건국 후 신병 치료 차 미국에 갔던 그는 1965년 중국 정부의 도움으로 북경北京에 돌아와 1969년 세상을 떠났다.

항일전쟁 시기 화교의 힘

손 중산孫中山이 주도한 신해혁명辛亥革命은 수많은 화교들의 적극적인 호응과 지지를 얻었다. 해외의 화교는 중국민족이 항일투쟁을 벌일 때 많은 도움을 주었다. 1931년의 '9·18사변'에서 1945년 항일전쟁의 승리에 이르기까지 화교들은 중국의 인민들과 함께 세계의 반파시스트전쟁에 많은 공헌을 하였다.

그들의 주요한 공헌은 다음 몇 가지로 정리해볼 수 있다.

우선 광범위한 항일통일조직을 결성하였다. 항일전쟁이 발발한 후, 독일, 이탈리아, 일본은 파시스트동맹을 결성하고 일본의 중국 침략을 지지하였고, 미국, 프랑스, 영국 등의 국가는 중립정책을 취하였다. 화교들은 자신이 거주하는 지역을 기반으로 하여 항일조직을 결성하였고, 항일전쟁을 위해 국제적으로 광범위한 동정과 원조를 이끌어냈다.

▶ 진가경陳嘉庚
회의에서 강연하고 있는 남양 화교 총본부 주석 진가경의 모습이다. 1938년 10월 남양 화교는 싱가폴에 '중국 난민을 돕기 위한 남양 화교 총본부'를 세웠다.

▲ 하문廈門 화교박물관
진가경의 사재로 세워진 이 박물관 내에는 화교들의 항일
전쟁 업적에 대한 자료들이 전시되어 있다.

◀ 항일의지를 펼치는 재미화교
중국 화교들은 자발적으로, 혹은 화교 단체의 조직하에 각
양각색의 방법을 동원하여 중국의 항일전쟁 상황을 선전하
였다.

◀ 항일 전쟁 시기 해외 화교들이 보내온 구급차
말레이시아, 미국 등지의 화교들은 돈을 모아 팔로군에게
구급차와 비행기 등을 제공하였다.

▼ 비호대飛虎隊 비행기–항일전쟁 후기 미국의 진납덕陳納
德은 비호대를 이끌고 와 중국의 항일전쟁을 도왔다. 비호대
에는 적지 않은 화교 비행사들이 있었다.

▼ 미주 화교 항공학교 제1기 학생들

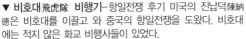

또 화교들은 적극적으로 전쟁 자금과 물품들을 지원하였고, 그들이 제공한 지원금은 중국 군대와 국민들에게 큰 도움이 되었다.

그들은 항일전쟁을 위해 민족의 단결을 촉구하고 분열을 반대하였다. 9·18사변 후 해외 화교들은 각 당이 연합하여 항일전쟁에 나설 것을 강력히 요구하였고, 이로 인해 제2차 국공합작이 이루어질 수 있었다.

전면적인 항일전쟁이 시작된 후 화교들은 수많은 항일단체를 조직하였고, 항일을 선전하였으며, 중국으로 돌아와 전쟁에 참여하기도 하였다. 미국 화교들은 항공학교를 설립하여 항공사들을 양성하기도 하였다. 1938년 10월 이후 중국 동남쪽의 바다와 육상 교통이 일본군에 의해 끊겼다. 이 때문에 새로 도로를 개척하였는데 이 도로가 완성되자 다수의 자동차 운전수와 수리공이 급히 필요하였다. 1939년 남양南洋 화교 총본부는 국민정부의 요청을 받고 약 3,200명의 화교 기술자들을 모집하여 중국으로 보내주었다. 『남양상보南洋商報』, 『성주일보星洲日報』 등 10여 개 화교신문 기자연합회는 '남양 화교 종군 기자단'을 조직하여 1938년 중국으로 들어와 전쟁 상황을 취재하였다.

미니상식 (85) 진가경

진가경(1874~1961)은 중국의 애국적인 화교 지도자로 복건福建 하문廈門 사람이다. 1910년 진가경은 싱가폴에서 동맹회에 참여하였고, 모금을 하여 손중산孫中山에게 전달하였다. 그는 화교와 고향의 문화 교육 사업에 많은 힘을 기울였다. 1913년부터 1920년까지 하문의 집미集美에 중·고등학교, 초등학교, 사범학교, 항해전문학교 등을 설립하였고, 1921년에는 하문대학을 설립하였다. '9·18사변' 후 진가경은 화교대회를 소집해 화교들이 돈을 낼 것과, 일본 상품을 배척할 것 등을 제안하는 등 구국 활동을 벌였다. 항일전쟁이 전면적으로 시작되자 진가경은 싱가폴에 '중국 난민을 돕기 위한 남양 화교 총본부'를 설립하고, 그 후 직접 연안延安으로 찾아와 항일전쟁을 벌이는 군대와 인민들을 위문하기도 하였다. 항일전쟁의 승리 후 『남교일보南僑日報』를 창간하여 중국을 위한 애국 민주 운동을 벌였다. 모택동은 '화교기치민족광휘華僑旗幟民族光輝'라는 말로써 진가경의 애국주의 정신을 칭찬하기도 했다.

중경담판
重慶談判

항일전쟁의 승리 후 장개석蔣介石은 내전을 벌일 준비를 하고 있었다. 그러나 그는 평화를 추구해야 한다는 국내외의 여론과 내전에 반대한다는 여론의 압력을 받고 있었다. 이에 "평화를 추구하는 척 하면서 실제로는 내전을 벌이자假和平, 眞內戰"라는 정책을 실시하였다. 1945년 8월 장개석은 세 차례에 걸쳐 중경重慶에서 중국 평화 문제를 논의하자고 모택동毛澤東에게 요청하였다. 그는 만약 모택동이 오지 않으면 공산당은 평화에 대한 의지가 없는 것이라고 선전을 하면서 내전의 책임을 공산당에게 지우려 했고, 만약 모택동이 오면 담판을 핑계로 하여 공산당으로 하여금 인민군대와 공산당 통치구 정권을 내놓으라고 압박할 생각이었다.

1945년 8월 28일 평화를 추구하기 위해 모택동, 주은래周恩來, 왕

▼ 1945년 8월 28일 중경담판으로 가는 모택동, 주은래, 미국 측 대표 헐리.

▼ 모택동, 주은래, 왕약비는 중경에 도착하였을 때 각계각층 사람들의 열렬한 환영을 받았다.

▲ 모택동과 장개석
쌍십협정 체결 후 중경에
서 나란히 찍은 사진이다.

약비王若飛 등 중국 공산당의 지도자들이 연안延安에서 중경으로 향하였다. 국민당에서는 왕세걸王世杰, 장치중張治中, 등력자鄧力子 등을 담판 대표로 내보냈다.

중경에서의 이 담판은 43일이나 계속되었다. 공산당 대표단은 평화로이 건국을 하기 위해 내전을 피해야 한다고 강력히 주장하였다. 평화·민주·단결의 기초 위에 중국 통일을 이루어야 한다고 했으며, 독립적이고, 자유롭고 부강한 신중국을 건립해야 한다는 기본 방침을 내놓았다. 장개석은 "전제 정치를 종결하고, 각 당파의 정치 협상 회의를 소집하여 민주 자유를 보장하며, 각 당파의 평등하고도 합법적인 지위를 보장한다"는 등의 주장에 표면적으로 동의하였다. 그리고 10월 10일 '국공대표회담기요國共代表會談紀要(쌍십협정雙十協定)'를 공포하였다

이 담판에서 국민당과 공산당은 공산당 통치구 정권 문제와 군대 문제에 있어 격렬하게 토론을 벌였다. 공산당 대표단은 인민군대와 공산당 통치구 정권의 합법적인 지위를 요구하였고, 장개석은 공산당에게 군대와 공산당 통치구를 내놓으라고 요구하였다. 평화를 정착시키기 위해 공산당 대표단은 양보를 하여 전국 군대의 수를 감축시키는 조건으로 인민해방군을 24개 사단으로 축소하였고, 또 광동廣東과 호남湖南 등의 여덟 군데 공산당 통치구를 내놓았다.

장개석은 이 담판에서 평화롭게 나라를 세우는 등의 정치 방침에 동의하게 되었다. 또한 장개석이 이끄는 국민당의 "평화를 추구하는 척 하면서 실제로는 내전을 벌이자"라는 정책은 폭로되었다. 이후 공산당은 정치상에 있어 주동적인 역할을 맡게 되었고, 국민당은 고립되게 되었다.

국공전쟁
國共戰爭

1946년 6월, 장개석蔣介石은 공산당 통치구를 전면 공격하라는 명령을 내렸다. 공산당 통치구 군대 즉, 인민해방군은 이에 맞서 싸웠고, 이로써 국공전쟁이 본격적으로 시작되었다.

전면적으로 전쟁이 발발했을 때 국민당 정부는 430여만 명의 군대를 보유하고 있었고, 전국의 대도시 전체와 다수의 중요 교통로를 장

◀ 인민해방군
1949년 국공전쟁 당시 강을 넘는 전투에서의 인민해방군의 모습이다.

미니상식 (86) 총통부總統府

총통부는 남경南京 장강로長江路 292번지에 있다. 명明 초기, 이곳은 한왕부漢王府였다. 1912년 임시 대총통인 손중산孫中山 역시 이곳에서 업무를 보았다. 장개석은 항일전쟁을 전후하여 14년 동안 이곳을 국민정부로 삼았고 이 때문에 총통부라고 부르는 것이다.

▲ 남경의 총통부를 점령한 인민해방군

초기 국민당 군대에 비해 그 병력이 모자라던 인민해방군은 점차 승리에 대한 자신감으로 병력을 쌓아 마침내는 국민당의 남경 총통부를 점령하고 국민당을 대만으로 내려보냈다.

악하고 있는 등 군사력에 있어 절대 우위를 지키고 있었다. 게다가 미국으로부터 군사와 재정상의 지원도 받고 있었다.

1947년 2월, 공산당 통치구를 지키던 인민해방군은 초보적인 승리를 거두었다. 1947년 3월부터 국민당 정부는 전체 공산당 통치구에 대한 전면 공격에서 섬서陝西, 감숙甘肅, 영하寧夏 등과 산동山東 두 곳의 공산당 통치구에 대한 집중 공격으로 정책을 선회하였다. 그러나 이 공격 역시 실패하고 말았다. 1947년 6월 국공간의 힘에 있어 현저한 변화가 발생하였다. 국민당 군대의 총병력은 373만 명으로 감소했고, 사기 역시 저하되었다. 이에 국민당 정부는 정치, 경제상으로 심각한 위기에 빠졌다. 반면 인민해방군의 총병력은 끊임없이 상승하였고, 승리에 대한 자신감 역시 넘쳤다. 이로 인해 인민해방군은 공격을 할 수 있는 단계로 접어들었다.

1947년 7월부터 인민해방군의 삼지대군三支大軍은 중원 지역으로 남하해 공격을 전개하였다. 1948년 8월 양측의 힘의 균형에 변화가 생겼다. 인민해방군은 280만으로 늘어났고, 공산당 통치구의 면적 역시 확대되었다. 공산당 중앙은 결전을 벌일 준비를 끝낸 뒤 요심遼瀋(요서遼西와 심양瀋陽), 회해淮海(회수淮水 이북과 해주海州 일대), 평진平津(지금의 북경北京과 천진天津) 등 3대 지역에서의 전투를 성공적으로 수행하여 기본적으로 국민당 주력 부대를 소멸하였다. 이 전투의 승리로 중국 대부분의 지역을 공산당 지배하에 두었고, 이러한 속도는 점점 더 빨라지기 시작하였다.

3대 지역에서의 전투 이후 국민당 정부는 장강長江 남안에 병력을 배치한 뒤 장강의 지형 지리를 이용하여 인민해방군이 강을 넘는 것을 막으려 하였다. 그러나 1949년 4월 21일 모택동과 주덕은 명령을 하달하였고, 인민해방군은 동쪽으로는 강음江陰에서 서쪽으로는 호구湖口에 이르는 장장 500여 킬로미터 전선에서 세 갈래로 나누어 강을 넘기 시작하였다. 1949년 4월 23일 인민해방군은 남경을 점령하였고, 장개석을 위시한 국민당은 대만臺灣으로 내려가고 말았다.

145

개요

　1949년 10월 1일 모택동毛澤東 주석은 천안문天安門 성루에 올라 전세계 사람들에게 중화인민공화국中華人民共和國의 건국을 알렸다. 이 10월 1일은 바로 중국의 국경절國慶節이며 또한 중국 현대사를 여는 날이다. 신중국 건국 후 중국 공산당과 중국 초대 지도자 모택동의 지도하에 중국은 국민 경제를 회복하고, 사회주의 제도를 건립하였다. 그리고 국민의 생활을 개선하고, 민족의 단결을 강화시키며, 대외 관계역시 발전시켜 유엔과 유엔 상임이사국의 지위를 회복하였다. 이처럼 중국은 정치와 경제에 있어 대단한 변화를 보여주었다.

　1978년 중국 공산당과 신중국 제2대 지도자 등소평鄧小平의 지도와 제3차 과학기술 혁명의 추진 아래 중국은 개혁·개방과 사회주의 현대화 건설의 신시기로 진입하였고, 경제 발전의 속도 또한 가속되었다. 과학기술, 교육, 문화, 체육, 보건사업 등은 계속 진보하였고, 국제 지위도 빠르게 올라갔다. 성공적으로 '일국양제一國兩制' 정책을 운용하여 홍콩과 마카오 문제를 해결하였고, 또 이 정책으로 장차 대만 문제도 해결하려 하고 있다.

　현재, 중국인들은 중국 공산당의 지도 아래 현대화라는 목표를 향해 계속 전진하고 있다.

모택동毛澤東과 신중국의 성립

1949년 9월 중국인민정치협상회의中國人民政治協商會議 제1차 전체회의가 북평北平(지금의 북경北京)에서 개막되었다. 이 회의에서 중화인민공화국中華人民共和國의 건국을 결정하였고, 모택동을 중화인민공화국 중앙인민정부 주석으로 추대하였다. 그리고 주덕朱德, 유소기劉少奇 등을 부주석으로 선발하고 북평을 북경으로 개명하

▼ 모택동 毛澤東
1949년 10월 1일, 천안문 성루 위에서 "중화인민공화국 중앙인민정부가 성립되었습니다!"라고 선포하고 있는 모습이다.

여 중화인민공화국의 수도로 삼았다. 또 '의용군진행곡義勇軍進行曲'을 국가國歌로 삼고, '오성홍기五星紅旗'를 국기國旗로 정하였다.

10월 1일 오후 2시, 국가 지도자가 취임을 선포하고, 주은래周恩來를 중앙인민정부 정무원政務院 총리로 임명하였다.

10월 1일 오후 3시, 개국 의례를 거행하였다. 북경의 30만 군중이 천안문 광장에 운집하였고, 모택동은 천안문 성루 위에 올라 전세계에 "중화인민공화국 중앙인민정부가 성립되었습니다!"라고 선포하였다. 축포 소리를 들으며 그는 직접 첫 번째 오성홍기를 게양하였다. 이어서 성대한 열병식과 불꽃놀이가 행해졌다.

중화인민공화국의 성립은 100여 년 동안 반봉건·반식민 상태에 있던 중국 역사의 종결과 중국 역사의 새로운 시작을 의미하는 것이었다. 이날부터 세계 인구의 4분의 1을 차지하는 대국이 독립국가가 되었고, 중국 국민들 역시 이날부터 나라의 주인이 되었다.

주은래周恩來와 신중국의 외교

띄어난 정치가이며 외교가인 주은래(1898~1976)는 중국 공산당의 중요한 지도자이었다. 그는 북벌전쟁, 남창봉기, 준의회의, 대장정, 서안사변, 중경담판, 중화인민공화국의 건국 등 일련의 중대

▼ 주은래周恩來
공산당의 대표로서 신중국 정부의 요직에 있으면서 탁월한 정치적, 외교적 수완을 발휘한 그는 지금까지 꾸준히 중국인의 존경을 받고 있다.

▲ 미국 닉슨 대통령과 주은래

1972년 2월 21일 미국 대통령 닉슨이 중국을 방문했을 때 비행장에서 영접하고 있는 주은래 총리의 모습이다.

한 역사적 사건에 있어 모두 중요한 역할을 하였다. 그는 신중국의 초대 총리 겸 외교부 장관을 역임했다.

1954년 4월부터 7월까지 미국, 소련, 중국, 프랑스, 그리고 6·25 전쟁과 인도지나전쟁의 교전 당사자들은 스위스 제네바에 모여 정전에 관한 회의를 열었다. 이 회의는 중국이 처음으로 강대국의 신분으로 참가한 중요한 국제회의였다. 이 회의에서 주은래는 중국 대표단을 이끌고 훌륭하게 임무를 수행하였다.

주은래는 또 미국과의 관계 개선에 뛰어난 공헌을 하였다. 신중국 성립 후 양국의 관계는 20여 년 동안 단절되어 있었다. 1960년대 말 중국과 미국 양국의 정부는 관계를 개선하기로 합의를 보았다. 1970년 10월 1일 천안문광장에서 국경절 행사를 할 때 주은래는 미국 기자 에드가 스노 부부를 천안문 성루로 초청해 미국에게 화해의 제스처를 보였다.

1972년 2월 21일 미국 대통령 닉슨은 중국과 외교 관계가 없는 상황에서, 오래도록 서로 적대시하던 중국에 우호적인 방문을 하였다. 이때 주은래는 비행장에 닉슨을 맞으러 나갔다. 악수를 할 때 주은래는 미소를 지으며 "당신은 세계에서 가장 넓은 대양 위로 손을 뻗어 내 손을 잡은 것입니다"라고 말했다. 이후 미국과의 관계는 정상화되기 시작하였고, 주은래는 이 상황에서 그 누구도 대신할 수 없는 중요한 역할을 하였다. 주은래는 미국에 대한 중국의 방침을 정하고 집행하는 데 있어 창조적이고 기민하게 행동해 그의 탁월한 외교 능력을 최대한 보여주었다.

미니상식 (87) 핑퐁외교

1971년 4월 10일부터 17일까지 미국 탁구 선수단이 중국에 와 친선 탁구 시합을 벌였다. 이들은 신중국 성립 후 요청에 응해 중국을 방문한 최초의 미국 대표단이었다. 미국 탁구 선수단의 중국 방문은 미국에 강력한 영향을 끼치며 중국 열풍을 일으켰고, 이러한 상황으로 국제 사회의 주목도 이끌어냈다. 1972년 4월 12일부터 29일까지 중국 탁구 선수단이 미국을 답방하였다. 두 나라 탁구 선수단의 방문은 국민들이 우호적으로 상대 국가를 왕래할 수 있는 길을 열었고, 두 나라 관계의 정상화를 촉진시켜 국제 사회에서 '핑퐁외교'라는 칭호를 들었다.

등소평鄧小平과 개혁 · 개방

중국의 개혁 · 개방은 1978년 소집된 중국 공산당 11차 삼중전회三中全會에서 시작한다. 농촌 개혁에서 도시 개혁으로, 경제 체제의 개혁에서 각 방면 체제의 개혁으로, 중국 내부의 개혁에서 대외 개방으로의 개혁으로 그 과정을 밟으며 개혁 · 개방은 시작되었다.

등소평은 이러한 개혁의 중요 지도자로 중국 개혁 · 개방의 총설계사였다.

▼ 건국 35주년을 경축하는 행진에서 북경대학 학생들이 "등소평 동지 안녕하시죠?"라는 글을 들고 천안문광장을 지나가고 있다.

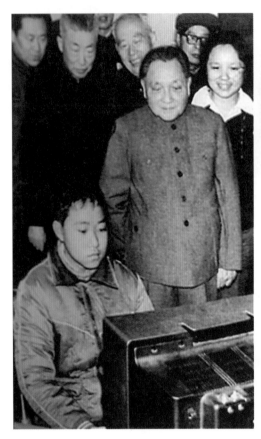

▲ 심천의 최첨단 레이저 회사를 참관하고 있는 등소평.

◀ 상해에서 초등학생이 컴퓨터를 조작하는 것을 보고 있는 등소평.

▼ 심천에서 건설 현장을 시찰하고 있는 등소평.

　등소평은 "중국 특색의 사회주의를 건설하자"라는 이론을 내놓았다. 그는 경제 건설을 중심으로 하여 현대화를 진행하였다. 농촌에서는 농가 생산 청부 책임제를 실행하였고, 도시에서는 사회주의 경제 체제의 공동 분배를 깨는 각종 경제 책임제를 도입하였다. 동시에 당정의 분리, 권력의 지방 분권화, 정부 기구의 축소, 민주의 발양 등등 정치 체제 역시 개혁하였다.

　개혁과 개방을 결합하여 경제특구를 설치하였다. 1979년 7월 국무원은 광동廣東, 복건福建 두 성을 시험적으로 경제특구로 지정하였다. 1980년에는 심천深圳, 주해珠海, 산두汕頭, 하문廈門 네 곳을 정

▲ 중국의 WTO 가입 의정서 조인식

2001년 11월 11일 카타르의 수도 도하에서 거행된 이 조인식에서 중국 외무부 장관 석광생石廣生(오른쪽)과 WTO 사무총장 마이크 무어(왼쪽)가 중국측의 서명 후 중국의 WTO 가입을 축하하는 축배를 들고 있다.

▲ 상해 포동浦東 신도시

상해 황푸강黃浦江 동쪽에 위치하여 포동 신도시라 불리는 이곳은 개혁·개방 이후 발전하는 중국의 상징으로 널리 알려져 있다.

식으로 경제특구로 지정하였다. 또 계속하여 연해 십여 개 도시를 개방하였으며, 장강長江 삼각주, 주강珠江 삼각주, 복건 동남 지역, 환발해環渤海 지역에 경제개방구를 건설하였고, 해남海南을 경제특구로 지정하는 것을 비준하였다. 1984년 1월 등소평은 심천과 주해 두 경제특구를 시찰하였다. 그는 또 1992년에 무창武昌, 심천, 주해, 상해上海 등지를 시찰하고 개혁·개방을 하려면 대담해져야 한다고 주장하면서 시기를 잘 잡아야 하며 가장 중요한 것은 경제를 발전시키는 것이라고 발표하였다.

그는 과학기술이야말로 제1의 생산력이며 지식과 인재를 존중해야 하고, 교육을 발전시켜야 하며 사회주의 정신문명 건설을 강화해야 한다는 의견을 내놓았다.

홍콩과 마카오의 중국 복귀 문제를 해결함에 있어 등소평은 '일국양제一國兩制'라는 방침을 내놓았고, 이 정책은 성공을 거둘 수 있었다.

20여 년의 개혁·개방으로 중국은 정치, 경제, 문화 등의 영역에서 많은 성과를 거두었고, 전체적인 국력이 현저하게 증강하였으며 국민들의 생활수준 역시 나날이 향상하고 있다.

홍콩의 중국 귀속

1840년 6월 중국과 영국간의 아편전쟁이 발발하였고, 영국은 1841년 1월 26일 홍콩섬을 점령하였다. 1842년 8월 29일 청나라 정부는 압력에 못 이겨 영국과 굴욕적인 '남경조약南京條約'을 체결하고 홍콩섬을 영국에게 넘겼다.

1984년 12월 19일, 등소평은 영국 대처 수상과 회견할 때 홍콩 문제를 해결할 '일국양제一國兩制' 방안을 내놓았다. 다시 말해 나라는 하나지만 두 가지 제도를 유지시키는 정책으로, "홍콩 사람이 홍콩을 다스리게 하고, 자치권을 최대한 보장해주며, 홍콩의 자본주의 제도와 생활 방식을 50년 동안 보장해준다"는 내용이었다. 여러 차례의 협상을 거쳐 중국과 영국은 합의를 보았고, '중화인민공화국과 대

▼ **강택민 주석과 찰스 황태자**
홍콩 정권 인수 의식에서 악수를 하고 있는 모습이다.

▼ 홍콩은 중국 귀속 후에도 끊임없이 발전하고 있다.

영제국 및 북아일랜드 연합왕국의 홍콩 문제에 대한 연합 성명'에 서명을 하였다. 이에 "중국 정부는 1997년 7월 1일 홍콩의 주권 행사를 회복하며, 동시에 영국은 홍콩을 중국에게 넘겨준다"라는 내용을 선포하였다.

1997년 6월 30일 자정 무렵, 중국과 영국 정부의 홍콩 반환식이 홍콩에서 성대하게 거행되었다. 7월 1일 0시 중화인민공화국 국기와 홍콩특별행정구 구기가 홍콩에 게양되었다. 그리고 중화인민공화국 주석 강택민江澤民은 홍콩 회의전람중심에서 다음과 같이 선포하였다. "중국과 영국의 홍콩 문제에 관한 연합 성명서에 의거해 양국 정부는 홍콩 정권의 반환 의식을 거행한다. 중국은 홍콩에 대해 주권 행사를 회복하며, 이로써 중화인민공화국 홍콩특별행정구가 정식 성립되었다" 그 후 홍콩특구의 초대 행정장관인 동건화董建華가 취임 선서를 하였다. 이로써 한 세기 반 동안의 영국의 홍콩 통치가 끝나고 홍콩은 중국으로 귀속되었다.

미니상식 （88） 홍콩

동방의 진주라고 불리는 홍콩은 주강珠江 삼각주 남쪽, 주강珠江 어귀 동쪽에 위치한 국제적 무역·금융·교통·여행의 중심지다. 경제는 무역을 위주로 하여 제조업·금융업·부동산업·여행 등이 매우 발달하였다. 빅토리아항은 세계적으로 가장 번화한 항구이고, 홍콩국제비행장 역시 세계적으로 선진적인 비행장이다.

▼ 홍콩 정권 인수식 현장
1842년 남경조약의 체결로 영국령이 되었던 홍콩은 150여 년 후인 1997년 7월 1일 중국에 다시 귀속되었다.

마카오의 중국 귀속

▲ **강택민 주석과 조르제 삼패이우 대통령**
마카오 정권 인수식에서 악수를 하고 있는 모습이다.

1553년부터 마카오는 점차 포르투갈 사람들에 의해 통치권을 빼앗겨 서방 식민주의자들이 중국 영토에 세운 최초의 침략 기지가 되고 말았다.

1970년대 말, 중국과 포르투갈 양국은 마카오 문제에 있어 원칙적으로 합의를 보았다. 1986년부터 1987년까지 중국과 포르투갈은 평화롭고 우호적인 담판을 통해 마침내 1987년 4월 13일 '중화인민공화국 정부와 포르투갈공화국 정부의 마카오 문제에 관한 연합 성명'

▼ **마카오 정권 인수식 현장**
1553년부터 포르투갈에 통치권을 빼앗겼던 마카오는 1986년부터 1987년까지 양국간에 있었던 우호적인 담판을 통해 1999년 12월 20일 마침내 중국에 다시 귀속되었다.

에 서명하고 "마카오 지역은 중국의 영토이고, 중국 정부는 1999년 12월 20일을 기해 마카오에 대한 주권을 회복한다"라고 공표하였다.

　1999년 12월 19일 23시 42분, 마카오 정권 인수식이 정식으로 시작되었고, 포르투갈의 조르제 삼패이우 대통령을 비롯한 정부 요인들이 이 의식에 참가하였다. 12월 20일 0시, 중화인민공화국 주석 강택민江澤民은 "중국 정부가 마카오에 대한 주권을 회복한다"라고 선포하였다. 그리고 마카오특구의 초대 행정 장관 하후화何厚鏵가 취임 선서를 하였다.

▲ 마카오는 홍콩과 같이 중국 귀속 후에도 끊임없이 발전하고 있다.

미니상식 (89) 마카오

주강珠江 삼각주의 서안에 위치하고 있는 마카오는 면적이 약 23.5평방 킬로미터이고, 인구는 약 44만 명이며, 중서 문화가 교차하고 있는 지역이다.
자유경제제도를 실행하고 있는 마카오는 최근 관광업과 카지노 및 기타 서비스 업종이 점점 제조업을 대신해 중요한 경제 버팀목이 되어가고 있다. 마카오는 중국이 유럽을 마주 대하는 문이다.

▼ 마카오의 중국 귀속
1999년 12월 성바오로 천주교회 유적지 앞에서 마카오의 중국 귀속을 자축하는 사람들의 모습이다.

세계로 나아가는 중국의 체육

▲ 왕정정 王正廷
중국 최초의 국제 올림픽
위원회의 위원이다.

▲ 유장춘 劉長春 선수
1932년 제10회 LA 올림
픽 때 중국 유일, 중국 최
초의 선수로 대회에 참가
한 단거리 육상선수이다.

1924년 장백령 張伯苓, 왕정정 王正廷 등의 활동 아래 중화전국체육협진회 中華全國體育協進會가 생겨났다. 1931년 국제올림픽위원회는 정식으로 중화전국체육협진회를 중국올림픽위원회로 승인하였다. 1932년 제10회 올림픽이 미국 LA에서 개최되었을 때 중국은 최초로 선수 유장춘 劉長春을 출전시켰다.

1960년 제17회 올림픽에서는 대만 선수들이 대회에 참가하였다. 양전광 楊傳廣은 십종경기에서 은메달을 획득하였는데, 이것이 중국 선수가 올림픽에서 딴 최초의 메달이다. 1968년 제19회 올림픽에서 대만 선수 기정 紀政은 여자 80미터 허들 동메달을 획득하였는데, 이것이 중국 여자 선수가 올림픽에서 딴 최초의 메달이다.

1979년 국제올림픽위원회는 중화인민공화국의 합법적인 지위를 인정하였다. 1984년 7월 제23회 LA 올림픽에서 중국 사격선수 허해봉 許海峰은 중국 최초로 올림픽 금메달을 획득하였고, 중국은 그 해 올림픽에서 세계 4위에 올랐다. 또한 중국 여자 배구팀은 월드컵 우승, 세계선수권 우승 등에 이어 이 올림픽에서도 우승을 하여 세계대회 3연속 우승팀이 되었다.

중국은 또 제24회 서울 올림픽에 참가하였고, 제25회 바르셀로나 올림픽, 제26회 애틀랜타 올림픽에도 참가하였다.

2000년 9월, 제27회 시드니 올림픽에서 중국 선수들은 모두 59개의 메달을 따 세계 3위를 하였다. 이 대회까지 중국은 모두 열세 번 올림픽에 참가하였다.

2001년 7월 13일, 중국은 2008년 올림픽 유치에 성공하였다. 곧이

▲ 복명하伏明霞 선수
제26회 애틀랜타 올림픽에서 여자 다이빙 종목 중 플랫폼, 스프링보드 두 종목에서 우승을 차지한 다이빙 선수이다.

▲ 왕군하王軍霞 선수
'동방신록東方神鹿'이란 애칭을 얻은 중국 중장거리 육상 선수이다.

▲ 이녕李寧 선수
'중국 체조의 왕자'라는 애칭이 있는 체조선수이다. 그의 이름을 브랜드명으로 내세운 스포츠용품 프랜차이즈 업체가 있을 정도이다.

▼ 중국 여자 배구팀
1984년 8월 7일 제23회 올림픽에서 우승을 차지할 때의 모습이다. 이로써 중국 여자 배구팀은 세계대회에서 3연속 우승을 이루었다.

▼ 중국의 올림픽 개최 확정 이후 유치 성공을 경축하는 중국인들을 곳곳에서 볼 수 있었다.

어 9월 제21회 세계 유니버시아드 대회를 성공적으로 치러냈다. 이러한 일련의 상황들은 중국의 체육 사업을 촉진시켰다. 뿐만 아니라 중국의 국력이 증가하였음을 세계에 보여주었고, 또 이로 인해 중국의 국제적인 지위 또한 한 단계 올라가게 되었다.

미니상식 **90** 중국 여자 축구팀

중국 여자 축구팀은 1980년대 국가 대표팀을 조직한 이래 국제 경기에서 좋은 성적을 거두고 있다. 1986년 부터 1999년까지 중국 여자 축구팀은 아시아에서 일곱 번의 우승을 하였고, 아시아대회에서 3연속 우승을 하였으며, 1996년 애틀랜타 올림픽에서 2등을 하였고, 1999년 제3회 여자 축구 월드컵에서 2위를 하는 등 좋은 성적을 거두어 '동방의 장미' 라는 칭호를 듣고 있다.

중국 역사 연대표

중국 고대사	약 170만 년 전~서기 1840년
구석기 시대	약 170만 년 전~약 1만 년 전
신석기 시대	약 1만 년 전~4,000년 전
하夏	약 기원전 21세기~기원전 16세기
상商	약 기원전 16세기~기원전 11세기
서주西周	약 기원전 11세기~기원전 771년
춘추春秋	기원전 770~기원전 476년
전국戰國	기원전 475~기원전 221년
진秦	기원전 221~기원전 207년
한漢(서한西漢, 동한東漢)	기원전 202~서기 220년
삼국三國(위魏, 촉蜀, 오吳)	220~280년
진晉(서진西晉, 동진東晋)	265~420년
남북조南北朝	420~589년
수隋	581~618년
당唐	618~907년
오대五代	907~960년
요遼	916~1125년
송宋(남송南宋, 북송北宋)	960~1276년
서하西夏	1038~1227년
금金	1115~1234년
원元	1271~1368년
명明	1368~1644년
청淸(아편전쟁阿片戰爭 이전)	1636~1840년
중국 근대사	1840~1949년
청淸(아편전쟁阿片戰爭 이후)	1840~1911년
중화민국中華民國	1911~1949년
현대 중국	1949년~
중화인민공화국中華人民共和國	1949년~

혼자 하는 중국어 첫걸음

" 입문자를 단기간에
HSK 7급으로
끌어올린 구맥생(瞿麦生)
교수의 기적의
학습법 대공개! "

- 저자 : 瞿麦生 교수
- 4×6배판 / 264면 / 본서+특별부록(간체자 쓰기+여행중국어)+카세트테이프 3개 / 13,500원

○ 중국어에서 가장 어렵다는 발음을 생생한 그림과 4단계에 걸친 체계적인
설명으로 쉽고 재미있게 배운다.

○ 중국인들이 가장 많이 쓰는 기본어구로 이루어진 기본회화와 강의가 따로
필요없는 상세한 어법해설.

○ 삽화와 사진이 톡톡 튀는 흥미만점의 본문회화, 다채로운 사진과 함께 제
공되는 중국상식.

○ 특별부록 〈간체자 쉽게 쓰기〉, 〈서바이벌 여행중국어〉 제공.

> 문제만 많이 풀어본다고 되는 게 아니다.
> 출제자가 노리는 핵심을 파악해야 한다.
> 충분한 해설을 통해 유형마다,
> 문제마다의 출제경향을 철저히 분석했다

8급 HSK, 이 한권으로 자신있게 도전해 보자!

- 북경어언문화대학출판사 편
- 편저 : 王海峰 · 刘超英 · 陈莉 · 赵延风
- 편역 : 이후일 교수
- 4×6배판 / 432면 / 카세트테이프 2개 / 22,000원

○ 듣기, 어법, 열독, 종합 네 부분의 출제경향과 문제유형, 난점, 응시비법
　등을 총망라하여 철저히 분석.

○ 수험생이 자주 틀리는 문제 집중 대비.

○ 매 과마다 풍부한 연습문제 제공.

○ 2회분의 실전 모의고사 제공.

中國常識 ②

거대한 대륙의 역사를 읽는다

초판 발행 2003년 2월 15일
2쇄 발행 2003년 4월 10일

지은이/ 中國 國務院僑務辦公室 · 中國海外交流協會
옮긴이/ 김민호
펴낸이/ 정효섭

편집/ 최준희 · 이상윤
디자인/ 정현석 · 김희정

펴낸곳/ 다락원
출판등록/ 1977. 9. 16. 제1-126호
주소/ 서울시 종로구 송월동 141 다락원빌딩
전화/ (02)736-2031 팩스/ (02)732-2037

값 12,000원
ISBN 89-7255-290-9 04080
ISBN 89-7255-288-7 (세트)

ⓒ 中國 廣州 暨南大學出版社

http://www.darakwon.co.kr

다락원 홈페이지를 통해 인터넷 주문을 하시면 자세한
어학 정보와 함께 주문 주소에서 책을 받아보시게 됩니다.